Maan Hameed

Abordagem de baixo consumo para implementação de codificação Huffman

Maan Hameed

Abordagem de baixo consumo para implementação de codificação Huffman

Para uma elevada compressão de dados

ScienciaScripts

Imprint

Any brand names and product names mentioned in this book are subject to trademark, brand or patent protection and are trademarks or registered trademarks of their respective holders. The use of brand names, product names, common names, trade names, product descriptions etc. even without a particular marking in this work is in no way to be construed to mean that such names may be regarded as unrestricted in respect of trademark and brand protection legislation and could thus be used by anyone.

Cover image: www.ingimage.com

This book is a translation from the original published under ISBN 978-620-2-31711-5.

Publisher:
Sciencia Scripts
is a trademark of
Dodo Books Indian Ocean Ltd. and OmniScriptum S.R.L publishing group

120 High Road, East Finchley, London, N2 9ED, United Kingdom
Str. Armeneasca 28/1, office 1, Chisinau MD-2012, Republic of Moldova, Europe
Printed at: see last page
ISBN: 978-620-7-98479-4

DEDICAÇÃO

Este livro dedicado a

Tudo o que amo

Especialmente

Os meus queridos pais

A minha querida esposa

Pelo seu incentivo, paciência e apoio sem fim e por serem

uma grande fonte de motivação e inspiração

Todos os meus amigos

E para a minha terra natal, o Iraque

ÍNDICE DE CONTEÚDOS

CAPÍTULO 1

Resumo

A dissipação de energia é um ponto de estrangulamento na conceção de dispositivos electrónicos de baixa potência que funcionam a altas frequências. Assim, o sinal de relógio é uma das principais fontes de dissipação de energia. A técnica de clock gating ao nível da arquitetura pode ser implementada para reduzir a potência dinâmica e de relógio. Neste artigo, apresenta-se a implementação de um circuito codificador e descodificador de Huffman com clock gated. O circuito de Huffman é projetado com clock gated, uma vez que optimiza a dissipação de potência sem degradar o desempenho. Este artigo tem como objetivo implementar, analisar e comparar os vários recursos de potência utilizando técnicas de clock gating para o desenho de Huffman numa biblioteca de 130 nm. A tecnologia utilizada neste trabalho é um circuito de relógio fechado que utiliza diferentes tipos de relógio fechado para obter o melhor desempenho para o projeto Huffman. O circuito de relógio fechado é utilizado para controlar o circuito codificador e descodificador. Os resultados do projeto mostram que a utilização da técnica de clock gating baseada em AND é melhor do que a técnica de clock gating baseada em latch. Reduz mais a potência e a área do que o clock gating baseado em latch. O projeto de Huffman proposto é implementado utilizando metodologias de projeto ASIC com uma biblioteca tecnológica de 130 nm. A arquitetura do projeto Huffman foi criada utilizando a linguagem Verilog HDL, Quartus II 11.1 Web Edition (32-Bit). A simulação é efectuada utilizando o ModelSim-Altera10.0c (Quartus II 11.1) Starter Edition.

Palavras-chave- Clock gating, Dissipação de potência, Potência dinâmica, Técnicas de baixo consumo.

1.1 Introdução

A procura de compressão de dados e de baixo consumo de energia é motivada por vários factores, como a evolução do design portátil, os efeitos da fiabilidade e a flexibilidade. A evolução das ferramentas portáteis, como os smartphones e os computadores portáteis, é a parte necessária que impulsiona a procura da combinação destes dois objectivos: compressão de dados e baixo consumo de energia no design. A necessidade de dispositivos portáteis está a crescer todos os anos e prevê-se que cresça ainda mais no futuro. Desde o início, os seres humanos sempre necessitaram de meios de comunicação. Para além disso, a tecnologia levou à evolução dos melhores sistemas que tornaram a vida mais fácil em géral. Nas últimas décadas, verificou-se uma explosão da evolução de dispositivos e serviços que conduziu a um crescimento e desenvolvimento mais rápidos e fiáveis dos desenhos digitais. Isto é possível porque os dispositivos electrónicos portáteis se tornaram mais robustos com o aumento da capacidade de computação e melhorias na velocidade e fiabilidade da comunicação. No entanto, todos os aumentos de velocidade e fiabilidade têm desafios. Dois dos desafios mais importantes são a compressão de dados e o consumo de energia. A redução da dimensão dos dados conduz a uma diminuição da área necessária para o seu armazenamento. A redução é conseguida através da remoção de dados redundantes. O objetivo da compressão de dados é apresentar a fonte de dados original numa estrutura digital que inclua o menor número possível de bits, satisfazendo a menor necessidade de reproduzir os dados originais. O processamento de dados de pequena dimensão consome definitivamente menos energia do que os de grande dimensão, porque a energia necessária para transmitir e armazenar a nova dimensão é inferior à dimensão do ficheiro original. Além disso, recentemente, estão a ser utilizadas baterias maiores e mais eficientes para resolver o problema do consumo excessivo de energia. Por conseguinte, nos dias de hoje, as questões económicas e ambientais obrigaram os investigadores a pensar em melhorias e a descobrir soluções para reduzir o consumo de energia e aumentar a fiabilidade dos desenhos digitais. Esta tarefa foi melhorada em relação à biblioteca do compilador de potência da Synopsys e tem como objetivo estudar a prática e a avaliação de técnicas de desenho digital para compressão de dados e redução do consumo de energia. O fluxo de projeto foi construído com as ferramentas EDA (electronic design automation) da Synopsys e com as bibliotecas da tecnologia de 130nm, atualmente utilizadas em produtos maduros, para implementar todo o software e hardware no projeto Huffman para compressão de dados. A conceção de Huffman baseada na árvore binária utilizada para reduzir o tamanho dos dados é uma técnica de compressão útil para símbolos de referência que não são uniformemente prováveis. Produz a menor quantidade provável de símbolos de código por símbolo de origem. A forma sem perdas do processo de compressão e descompressão utiliza uma codificação simples chamada codificação Huffman, que é adoptada em dados de texto que envolvem todos os caracteres da língua inglesa.

Além disso, a procura de dispositivos electrónicos de baixo consumo e elevado desempenho levou à investigação de técnicas de baixo consumo [1]. O algoritmo de codificação de Huffman é amplamente utilizado para reduzir o tamanho dos dados. A redução do tamanho dos dados é uma técnica que permite diminuir a quantidade de informação utilizada para apresentar qualquer conteúdo sem diminuir excessivamente a qualidade da informação [3]. Assim, a necessidade de reduzir a potência do projeto é uma tarefa difícil, porque este problema leva a um aumento da temperatura e torna o projeto instável. Para além disso, reduz a duração da bateria.

A investigação sobre a minimização da potência do codificador Huffman é efectuada e foram propostas várias técnicas de baixo consumo. Por conseguinte, a dissipação de energia tornou-se um estrangulamento na realização de uma execução mais elevada. Isto leva à investigação de sistemas VLSI de baixa potência e alta velocidade. A dissipação de potência é estimada por factores como a potência de fuga, a potência de curto-circuito e a potência dinâmica, incluindo a frequência, a tensão de alimentação, a atividade de comutação e o condensador [4]. A matemática da dissipação de potência é apresentada como:

$$P_{total} = P_{dynamic} + P_{short\text{-}circuit} + P_{leakage} \dots\dots\dots(1.1).$$

A potência dinâmica envolve a atividade de comutação, porque a corrente flui apenas durante as transições lógicas na rede, o termo de dissipação de potência dinâmica depende da frequência do relógio (transições possíveis por segundo) e da atividade de comutação (presença ou ausência de transições que ocorrem efetivamente na rede em ciclos de relógio sucessivos). Quanto mais elevada for a frequência de relógio, mais frequente é a atividade no estado dos transístores (mudança de valor), pelo que, nos dispositivos síncronos, a atividade é feita com a mudança de relógio. Por outras palavras, a potência de comutação resulta do carregamento e descarregamento da carga capacitiva externa na saída de uma célula. Estes parâmetros podem ser somados através da seguinte fórmula:

$$P_{dynamic} = \alpha\, FCV^2 \dots\dots\dots(1.2)$$

Na equação (1.2):

C: capacitância.

a: atividade de comutação.

V: tensão de alimentação.

F: frequência .

Por conseguinte, as técnicas de gestão da potência podem ser aplicadas a vários níveis do projeto. A investigação sobre técnicas de conceção de baixo consumo é efectuada a nível tecnológico, a nível de circuito, a nível lógico, a nível de arquitetura e a nível de sistema. O estudo de investigação indica claramente que o nível de otimização da potência é mais elevado a nível do sistema do que a nível do transístor. As técnicas de baixo consumo são as seguintes: limiares múltiplos, tensões múltiplas, escalonamento da tensão estática, escalonamento da tensão e da frequência dinâmicas, redução da potência, controlo da potência e controlo do relógio[5]. Neste documento, são aplicadas técnicas de gestão de baixa potência ao nível do sistema para o projeto do codificador e descodificador Huffman. O circuito é verificado através da aplicação de diferentes técnicas de clock gating, nomeadamente técnicas de clock gating baseadas em trincos e técnicas de clock gating baseadas em AND. O projeto de Huffman é um circuito síncrono, que funciona com referência ao relógio de entrada no projeto. O maior consumo de energia no projeto síncrono é o consumo do sinal de relógio. De acordo com o estudo, o relógio consome até 30% do consumo total de energia do projeto [6] [7]. Por conseguinte, a necessidade de reduzir este consumo de energia é uma tarefa difícil para os investigadores e os projectistas em projectos modernos. A técnica de clock gating, nomeadamente utilizando portas AND e trincos, é aplicada ao projeto Huffman e a análise de potência para cada uma delas é explicada na Secção II. A secção III descreve a implementação de Huffman utilizando a técnica de clock gating, a secção IV apresenta uma visão detalhada dos resultados obtidos com a implementação e a secção V conclui com os resultados e a discussão.

O "clock gating", como o nome propõe, é utilizado para desativar o sinal de relógio que suporta os blocos sequenciais no desenho digital durante o período em que os registos não estão a ser utilizados. Este método permite reduzir a atividade de comutação, responsável pela maior parte da dissipação geral de energia, que se deve à carga/descarga da capacitância de carga, denominada potência dinâmica. Além disso, o clock gating é um dos métodos mais importantes utilizados para diminuir a dissipação de energia em circuitos digitais. A ideia principal é parar o relógio nas partes do projeto que estão inactivas num determinado período para diminuir a atividade de comutação nos registos e transferir os dados desses registos para uma poupança de energia considerável. O escalonamento da frequência é utilizado para dividir o relógio principal em submódulos no projeto e fazer com que cada um deles funcione em modo rápido e lento. A implementação do escalonamento de frequências implica o arranque de uma unidade lógica adicional para controlar o relógio e este estilo é utilizado para reduzir a atividade de comutação.

Além disso, será criada uma boa oportunidade para conhecer e lidar com ambientes empresariais, tecnologias avançadas e ferramentas EDA de ponta com a integração de uma equipa de sistemas de um dos cérebros mundiais em ferramentas EDA. O consumo desnecessário de energia nos circuitos integrados dificulta a sua utilização em sistemas portáteis. Este facto provoca também temperaturas elevadas que reduzem a qualidade do dispositivo e diminuem o tempo de vida do chip [8]. A procura, por parte dos consumidores, de mais funcionalidades com elevado desempenho leva à geração de temperaturas elevadas, porque o elevado desempenho exige uma frequência elevada, mas nem todos os dados necessitam da mesma frequência de execução, uma parte dos dados necessita de uma implementação de baixa frequência. Por conseguinte, colocar o projeto a funcionar numa única frequência conduz a temperaturas elevadas e diminui o tempo de vida do chip. Por conseguinte, o consumo de energia dos sistemas digitais tornou-se cada vez mais importante, pelo que os projectistas dedicam uma parte significativa do seu tempo a otimizar os seus projectos para obter um consumo de energia mínimo [9]. O projeto sequencial consome uma grande quantidade de energia porque o sinal de relógio está sempre a mudar. Além disso, o sinal de relógio tende a ser sobrecarregado [10].

Além disso, a redução do consumo de energia não só prolonga o tempo de vida da bateria em dispositivos portáteis, telefones inteligentes ou em todos os dispositivos modernos, como também aumenta a fiabilidade, diminuindo a sobrecarga, o que é muito importante para manter o projeto estável sem sobreaquecimento [11]. O objetivo é manter a temperatura baixa para evitar restrições de conceção. A metodologia para atingir este objetivo consiste em obter o desempenho apenas quando este é necessário. Os investigadores estão à procura das melhores tecnologias para reduzir a potência sem degradar o desempenho [12].

A codificação Huffman com design de baixo consumo é fundamental para a compressão de dados e para as técnicas de redução de consumo utilizadas por muitos projectistas. Além disso, é um dos múltiplos sistemas de baixa potência bem conhecidos que são muito eficientes na diminuição da dissipação de energia no design digital. O objetivo do clock gating é desativar ou suprimir a alteração de partes do percurso do relógio, como o flip-flop, a rede de relógio e a lógica, sob uma determinada condição calculada pelos circuitos de clock gating [13]. Por outras palavras, o relógio é desativado quando não é necessário para reduzir o consumo de energia. O clock gating desliga simplesmente o relógio quando este consome energia desnecessariamente. Seguindo o procedimento indicado, o consumo de energia diminui até metade sem afetar o desempenho do projeto [14]. Para controlar os níveis de temperatura, o chip necessita de uma embalagem e refrigeração especializadas e dispendiosas, o que resultaria num aumento futuro do custo do sistema. A necessidade crescente de dispositivos de comunicação e sistemas de computação portáteis aumentou a necessidade de otimização do consumo de energia no chip. A conceção global de baixo consumo de energia é uma tecnologia crítica necessária na atual indústria de semicondutores. A compressão de dados com baixo consumo de energia é uma técnica útil num sistema digital. A redução do tamanho dos dados é o objetivo mais importante da conceção de ASIC e o consumo de energia é um dos problemas mais comuns que restringem o desempenho da conceção. A dissipação de energia pode ser reduzida mantendo os recursos de memória num tamanho reduzido. Uma forma de atingir este objetivo sem afetar o desempenho é utilizar a compressão de dados. Assim, a compressão de dados com baixa dissipação de energia é a forma adequada de ultrapassar estes problemas. Assim, este trabalho tem como objetivo conceber a compressão de Huffman para todos os alfabetos ingleses com base numa árvore binária. Além disso, propõe um novo método para técnicas de baixo consumo de energia para diminuir o consumo de energia no projeto, visando superar a principal desvantagem do projeto Huffman que a sobrecarga gerada a partir do processo de codificação e decodificação [15]. O objetivo da utilização de clock gating e frequency scaling para o design de baixa potência é propor um novo método para alcançar a flexibilidade do design, permitindo que cada módulo trabalhe em modos rápidos e lentos [16]. Este método tem em conta as caraterísticas dos requisitos do sistema. Finalmente, esta investigação tem como objetivo conceber a codificação de Huffman para o processo de descompressão e compressão, propondo um método de otimização da frequência de escalonamento e de bloqueio do relógio (POFSCG). Neste trabalho, o sinal de relógio foi gerado através da combinação de dois métodos de otimização de potência para reduzir o consumo de energia e obter flexibilidade de design.

1.2 Âmbito do estudo

Neste trabalho, foi apresentada a proposta de Huffman para compressão de dados e baixo consumo de energia. O principal parâmetro utilizado para alcançar a compressão de dados foi a frequência dos dados utilizados, enquanto o principal parâmetro nas técnicas de baixo consumo foi a frequência do sinal de relógio [17]. Por conseguinte, a frequência constituía a principal limitação do projeto. O tipo de dados utilizados nos processos de compressão e descompressão foram dados de texto. A avaliação do desempenho foi efectuada através da compressão dos dados utilizando a codificação de Huffman baseada em árvore binária e a potência dinâmica utilizando técnicas de baixo consumo. Neste caso, a frequência do relógio foi reduzida ao nível da conceção do subsistema para permitir que cada módulo trabalhasse com a sua própria frequência. Foram testados diferentes níveis de frequência para o sinal de relógio e os resultados foram combinados para obter o desempenho final do projeto. A partir dos resultados da avaliação, ficou claro que a conceção de baixo consumo de energia com base na passagem de relógio e no escalonamento da frequência era a melhor combinação para obter fiabilidade e baixo consumo de energia. O projeto proposto foi realizado utilizando metodologias de projeto ASIC. Para implementar as arquitecturas de codificador e descodificador, foram utilizadas bibliotecas Silterra de 130 nm com o compilador de potência Synopsys para avaliar o desempenho do projeto. As arquitecturas de conceção dos algoritmos de compressão e descompressão foram criadas utilizando a linguagem Verilog HDL (Quartus II 11.1 Web

Edition (32-Bit). Para além disso, a simulação foi realizada utilizando o ModelSim-Altera 10.0c (Quartus II 11.1) Starter Edition.

1.3 Contribuição deste livro

A estrutura proposta pode lidar com grandes quantidades de dados e minimizar o consumo de energia para o sistema de desenvolvimento. As técnicas sugeridas foram concebidas para melhorar a dimensão dos dados e a dissipação de energia. O processo de compressão para lidar com grandes quantidades de dados e a proposta de um novo submódulo foi uma combinação de duas técnicas de conceção de baixo consumo. Para obter um baixo consumo de energia, utilizou-se a passagem de relógio e o escalonamento de frequências para permitir que cada módulo tivesse modos rápidos e lentos. Uma forma conveniente de o fazer é ajustar a frequência utilizando uma versão divisora do relógio principal. A razão para isso é que o sistema pode atingir um baixo consumo de energia permitindo que cada subsistema funcione na sua própria frequência para evitar uma frequência elevada apenas quando o sistema é necessário.

CAPÍTULO 2
REVISÃO DA LITERATURA

2.1: Introdução

Sabe-se que a compressão de dados com técnicas de baixa potência é um processo difícil na conceção de ASIC. Vários investigadores tentaram atingir este objetivo propondo diferentes metodologias destinadas a reduzir a dissipação de energia e a compressão de dados com um melhor desempenho do projeto. Além disso, a questão da conservação de energia tem sido amplamente abordada por investigadores em quase todos os domínios em causa para chegar a várias soluções que conduzam a um baixo consumo de energia ou a uma conservação de energia completamente apreciável. A compressão de dados é descrita como a arte e a ciência de reproduzir os dados num estilo abreviado e nítido ou reproduzir os dados num estilo comprimido em vez da sua forma original ou ficheiro não comprimido. Por outras palavras, ao utilizar os dados comprimidos, a quantidade de um ficheiro especial pode ser reduzida. Há muitas técnicas utilizadas para a compressão de dados que permitem reduzir o tamanho dos dados com diferentes técnicas. Este capítulo faz um levantamento das diferentes técnicas básicas de compressão de dados sem perdas. Os resultados experimentais e as comparações da compressão sem perdas utilizando métodos de compressão estatística foram efetuados em dados de texto. Por conseguinte, este capítulo analisa os trabalhos anteriores realizados no domínio das técnicas de baixo consumo de energia e da compressão de dados, destacando as vantagens e desvantagens das técnicas.

A informação é expressa como uma sequência de dados e repetições. Os dados são a parte da informação que deve ser armazenada na sua configuração original, a fim de compreender com exatidão o objetivo ou o significado dos dados. A repetição é a parte da informação que pode ser extraída se não for necessária ou pode ser reinserida para compreender a informação, se necessário. Mais frequentemente, a repetição é reinserida para criar a informação primária no seu primeiro modo. Um método para diminuir a repetição de informação é designado por processo de compressão. A repetição na descrição da informação é reduzida na forma anteriormente mencionada porque pode ser reinserida para recuperar a informação primária. Este método é designado por descompressão de dados.

O processo de compressão de dados é uma exigência geral para maximizar os objectivos informáticos. Existem várias técnicas de compressão de dados que são aplicadas para comprimir várias formas de informação. Também para um único tipo de dados, existem muitas técnicas de compressão que utilizam várias estratégias [18]. Os processos de compressão podem desenvolver a qualidade com que a informação é guardada, diminuindo o número de informações de reputação. Uma técnica de compressão recebe um dado original como entrada e gera um ficheiro de texto comprimido idêntico, enquanto uma técnica de extensão utiliza um documento comprimido como entrada e constrói o documento original como resultado dessa entrada. A generalidade do processo de compressão entende o documento de origem como uma série de palavras escolhidas a partir de caracteres. A repetição da descrição de uma sequência S é L(S)-H(S), onde quer que(S) seja o comprimento da representação em bits e H(S) seja o tamanho da entropia do conteúdo dos dados, qualquer que seja a sua apresentação em bits. Além disso, para reduzir a compressão de qualquer coisa significa que se tem uma porção de informação e se diminui o seu tamanho. Existem vários métodos para o fazer e cada um deles tem as suas vantagens e desvantagens. Outro método consiste em identificar a parte do documento que não é necessária e transmitir apenas essa parte [19]. Deve notar-se que nenhuma técnica de compressão pode comprimir uma série para alguns bits a menos do que a sua entropia sem falta de dados [20]. A compressão Huffman está entre os melhores métodos regulares para reduzir o tamanho dos dados.

A codificação de Huffman adaptativa necessita de utilizar um desenho de equilíbrio de árvores que possa ser implementado de acordo com as disposições de informação necessárias para a técnica de codificação aritmética adaptativa. Num objetivo de compressão de dados, o rácio de redução do tamanho dos dados é a questão principal. Além disso, a compressão pode ser efectuada sem perdas ou com perdas. O processo sem perdas reproduz o estilo da informação primária nos dados comprimidos sem perder nenhum pormenor da informação. Por conseguinte, estes dados não variam através das formas de codificação ou descodificação. Estas classes de processos de codificação são designadas por compressões reversíveis. Os métodos de codificação sem perdas são utilizados para reduzir o tamanho de imagens médicas, texto e imagens guardadas para fins próprios, bem como de ficheiros executáveis por computador, etc. [21]. No entanto, o método de compressão com perdas reproduz o texto primário, incluindo a falta de vários dados. Não é razoável restaurar a informação primária utilizando o método de descompressão. Por isso, é designado por compressão irreversível [22]. O método de descompressão gera uma regeneração imperfeita. Pode ser útil se for utilizado para informação de qualquer domínio que não possa ser percebida pelo cérebro humano e que possa ser ignorada. Esta técnica pode ser utilizada para imagens multimédia, vídeo e áudio, a fim de realizar uma compressão da informação mais próxima.

2.2: Conceção digital de baixa potência

Durante a era da conceção dos PC de secretária, as aplicações de sistemas VLSI (Very Large Scale Integration) concentraram-se principalmente na melhoria da velocidade para realizar tarefas computacionais exaustivas em tempo real, como a compressão de dados, gráficos, etc. Os circuitos integrados de semicondutores integraram fortemente vários módulos de processamento de sinais e unidades de processamento gráfico para responder às exigências de computação e entretenimento. No entanto, estas soluções foram orientadas para o problema do tempo real e não para a procura crescente de um funcionamento leve dos dispositivos modernos, em que os telemóveis inteligentes têm de integrar tudo isto sem consumir muita energia. A limitação da precisão da dissipação de energia nas aplicações electrónicas dos dispositivos modernos, como os tablets, os telemóveis inteligentes e os PC, deve ser adaptada à conceção do chip VLSI, bem como aos cálculos necessários. No entanto, os dispositivos sem fios estão a entrar rapidamente no mercado da eletrónica de consumo. Apesar deste desenvolvimento, é necessário abordar uma restrição de conceção fundamental para melhorar o método de funcionamento do dispositivo portátil (dissipação bruta de energia do sistema portátil). Reduzir o consumo total de energia nesse tipo de projeto é muito necessário, porque a maximização do tempo de funcionamento com requisitos de tamanho, duração da bateria e especificação de peso mais baixos. Por conseguinte, o fator mais importante a ter em conta na conceção de SoC (System on Chip) para dispositivos portáteis é a conceção de baixo consumo de energia. Basicamente, os SoC modernos exigem um maior consumo de energia porque se tornam mais rápidos do que antes (última geração). Além disso, tanto na lógica como na memória, a potência estática aumenta à medida que a potência dinâmica aumenta. A Figura 2.1 mostra como a dissipação de energia aumenta com o aumento do número de anos associado ao desenvolvimento da conceção de microprocessadores, enquanto a Figura 2.2 mostra como a energia se torna o principal problema no futuro.

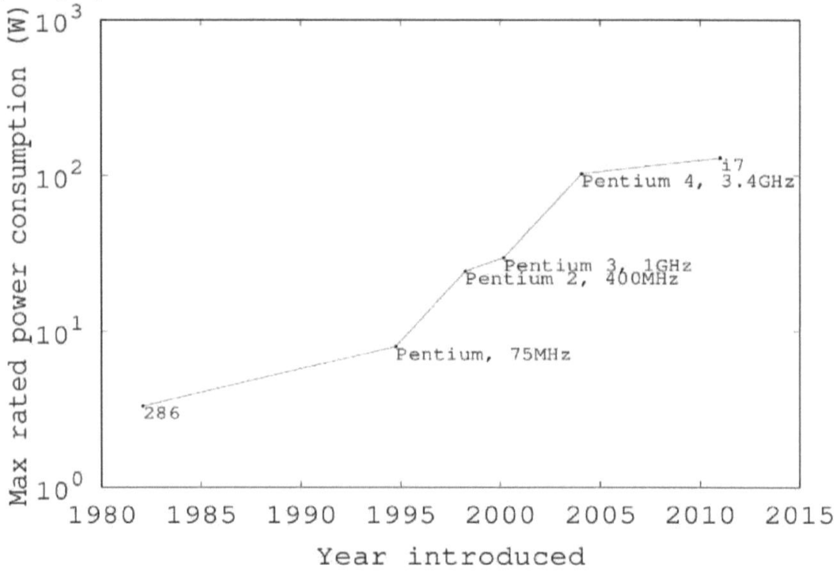

Figura 2.1: Desenvolvimento da dissipação de potência do microprocessador (Comps1)

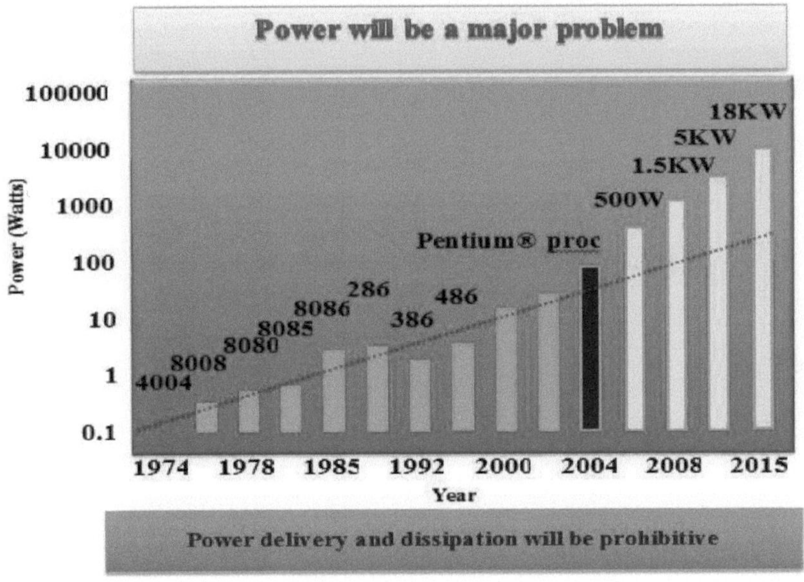

Figura 2.2: Principais problemas de energia

Nos primórdios da realização da microeletrónica e dos circuitos integrados, os desafios fundamentais eram o fecho da temporização e a minimização da área, sem que nada fosse novamente prioritário. Todas as ferramentas EDA (Electronic Design Automation) utilizadas na indústria de CI (circuitos integrados) foram concebidas para trabalhar através do aumento da velocidade e da diminuição da área, enquanto as questões de dissipação de energia eram ignoradas porque não eram relevantes para as tecnologias CMOS [23]. Nessa altura, os projectistas de CMOS consideravam a tecnologia de potência reduzida para as frequências de relógio em uso. A maioria dos investigadores concentra-se em melhorar a dissipação de potência em projectos digitais. Por conseguinte, a redução do consumo de energia é um dos principais objectivos dos projectos de sistemas digitais modernos. Este facto resulta de uma necessidade crescente de concepções de elevado desempenho e de baixo consumo. Além disso, o funcionamento do sistema a alta velocidade exige uma frequência mais elevada, o que gera um elevado consumo de energia no projeto [24]. Os ensaios, efectuados por membros do Samsung Advanced Institute of Technology and Energy

Material Lab, na Coreia, mostraram que o aumento das densidades de potência de 1,5 para 1,8 vezes superior aos níveis actuais. A Figura 2.3 mostra a relativa estagnação do crescimento da capacidade das baterias nos últimos cinco anos.

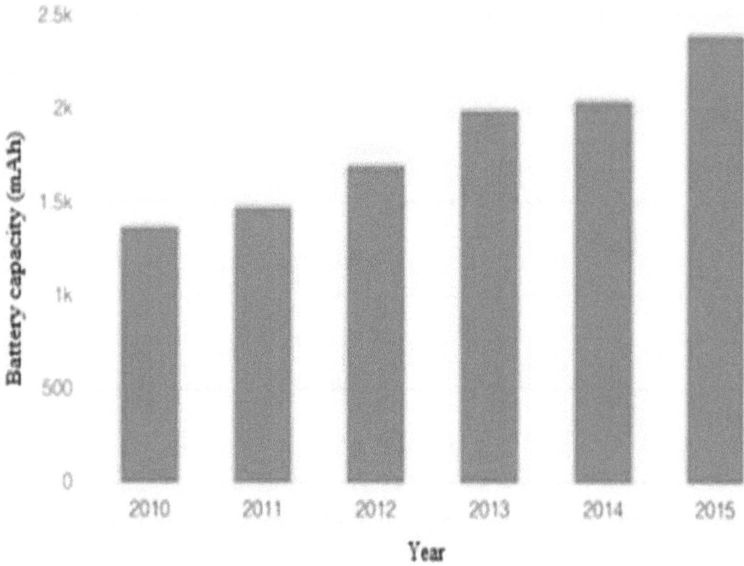

Figura 2.3: Aumento da capacitância da bateria com o passar dos anos (Comps2)

2.3: Técnica de passagem de relógio

O clock gating é uma técnica popular utilizada em muitos circuitos síncronos para reduzir a dissipação dinâmica de energia. Assim, o clock gating poupa energia ao adicionar mais lógica a um circuito para podar a árvore de relógio. A poda do relógio desactiva partes do circuito para que os flip-flops nelas contidos não tenham de mudar de estado. É um método eficiente de diminuir o consumo dinâmico de energia num projeto digital. No design de modelos síncronos, como o microprocessador alvo básico, apenas uma parte do design está a funcionar em qualquer momento. Por conseguinte, ao desligar a parte inativa do projeto, a dissipação de energia pode ser evitada e poupada. Um dos métodos para o conseguir é mascarar o relógio que vai para a secção inativa do projeto. Além disso, a passagem do relógio é um procedimento importante para diminuir a potência do relógio, de modo a que os circuitos individuais utilizados difiram dentro e entre aplicações. Nem todos os módulos são funcionais durante o tempo de funcionamento, o que dá origem a uma possibilidade de redução da potência. Ao adicionar o relógio com um sinal de controlo de porta, a técnica de clock gating acaba por desativar o design do relógio sempre que o design não é necessário para evitar o consumo de energia gerado por cargas e descargas sem importância do design inativo. Em especial, a técnica de bloqueio do relógio tem como objetivo a potência dissipada na conceção dinâmica do CMOS, utilizada para obter vantagens em termos de velocidade e de área em relação à lógica estática. No entanto, uma técnica eficaz de passagem do relógio requer uma metodologia que determine qual o módulo do projeto que é passado, quando e durante quanto tempo.

A técnica de passagem de relógio é gerada pela alternância repetida da conceção da passagem de relógio entre os estados ativo e inativo, o que resulta em grandes despesas gerais. Na mesma linha, a técnica que utiliza pequenos módulos da técnica de relógio bloqueado, que é aproximadamente tão grande como os próprios módulos, também conduz a grandes despesas gerais. Esta sobrecarga pode resultar num consumo de energia mais elevado do que sem clock gating [25]. Além disso, o clock gating é a metodologia utilizada para impedir a entrada do relógio do módulo funcional que está inativo. Isto implica desligar ou inativar o relógio que não é importante. Existem diferentes técnicas de clock gating aplicadas para reduzir o consumo de energia durante o tempo moderno. Basicamente, para diminuir a magnitude do consumo de energia, as actividades de comutação devem ser reduzidas. Esta redução pode ser conseguida através da ativação do relógio e do escalonamento da frequência do relógio [26] [27].

Na técnica de bloqueio de relógio, os componentes síncronos selecionados do projeto ficam fora de ação (desactivados) através da remoção do sinal de relógio por meio do modo de funcionamento inativo ou de suspensão [28]. A forma mais fácil de utilizar as técnicas de clock gating é através de uma única porta AND com dois sinais de entrada. O primeiro é o clock e o segundo é o sinal habilitado. No entanto, esta técnica não é isenta de desvantagens, como será discutido mais adiante. Esta técnica conduzirá certamente a violações do tempo de configuração e de retenção no circuito, geradas por um alinhamento incorreto dos bordos do relógio. Outra técnica é usar um flip flop para sincronizar o sinal habilitado com o clock e reduzir o desalinhamento do clock. A Figura 2.4 mostra os tempos de setup e hold, o tempo de setup é o intervalo de tempo em que os dados de entrada devem estar estáveis antes da borda do clock. Enquanto o tempo de retenção é o intervalo de tempo em que os dados de entrada devem estar estáveis após a borda do relógio.

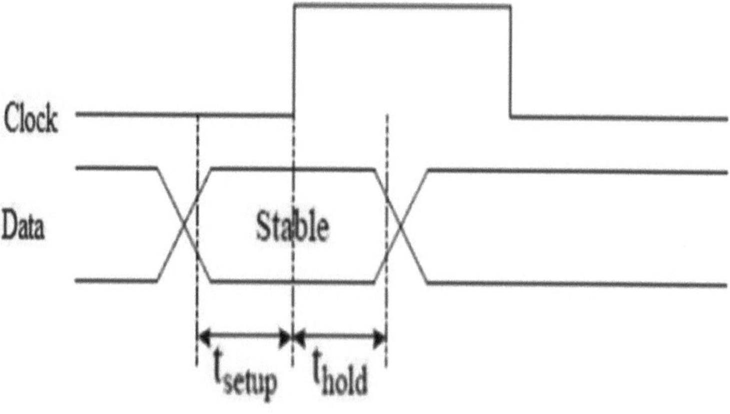

Figura 2.4: Tempo de configuração e retenção.

2.4: Codificação Huffman HDL

As linguagens de descrição do hardware (HDL) e os seus simuladores permitem aos projectistas dividir o seu sistema em componentes que podem funcionar corretamente e comunicar entre si [29]. O projeto de Huffman consiste em dois módulos principais, que são o codificador e o descodificador, para além do código de Huffman de nível superior. Isto implica que os projectos completos envolvem três códigos, dois para os módulos e um para o projeto de nível superior. Além disso, cada código de conceção deve ter um código correspondente para o banco de ensaio. Todos os códigos de projeto e o banco de ensaio são escritos em linguagem Verilog HDL.

2.5: Implementação do codificador

Neste trabalho, o codificador é implementado utilizando a árvore de Huffman. O último é implementado na plataforma Verilog utilizando a árvore binária. Esta árvore de Huffman é armazenada na LUT para dar o carácter correspondente codificado de saída. O codificador obtém o código para cada símbolo a partir de um mapa e desloca-o um bit de cada vez. O descodificador é obtido a partir da árvore, adicionando actos das folhas até ao topo da árvore. Se um estado não for uma folha da árvore e a sua codificação for n, então as codificações dos seus dois filhos são 2n+1 e 2n+2, respetivamente.

A figura 2.5 mostra o diagrama de blocos do codificador e o código para cada carácter proveniente da árvore. A entrada de caracteres que é dada ao codificador funciona como entrada para a LUT que dá a palavra codificada correspondente no barramento de dados que é dado a um registo de deslocação de modo a deslocar os dados em série. Como se trata de uma codificação de comprimento variável, para determinar o fim da palavra de código para cada carácter durante a deslocação, é acrescentado mais um bit ao fim da palavra de código na LUT, que passa a ser 1. A palavra de código é deslocada logicamente até conter apenas 1 no seu LSB. Depois, o carácter seguinte é carregado a partir do comparador. Além disso, o codificador deve gerar um sinal de ativação para o descodificador, para que este saiba quando lhe são apresentados dados válidos.

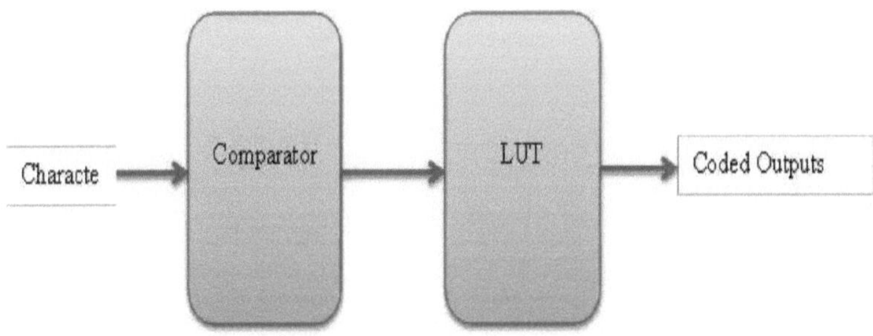

Figura 2.5: Diagrama de blocos do codificador

2.6: Implementação do descodificador

O método de descodificação de Huffman é um pouco mais complexo. Tanto a codificação como a descodificação devem ser efectuadas em relação à mesma árvore. Por conseguinte, os mesmos dados que são armazenados na LUT do codificador são armazenados na LUT do descodificador de forma diferente. Na figura 2.6, é apresentado o diagrama de blocos do descodificador de Huffman, que explica claramente o funcionamento. O diagrama de blocos refere-se a um descodificador em que o valor codificado é primeiro armazenado na memória intermédia e depois deslocado utilizando um LIFO. O valor deslocado é então armazenado no registo temporário de 9 bits, que é depois comparado com os respectivos códigos armazenados na LUT. Em seguida, o carácter é finalmente descodificado. Neste método, dentro do bloco descodificador, é apresentado primeiro um buffer para armazenar a saída da parte codificadora. Em seguida, é apresentada uma última entrada, primeira saída (LIFO), que desloca os valores codificados armazenados na memória intermédia. Este código deslocado é então armazenado num registo temporário de 9 bits. Tanto o valor codificado como a árvore de Huffman pré-determinada que estão armazenados dentro da LUT são comparados para obter uma saída descodificada relativamente ao estado codificado correspondente. A Figura 2.7 mostra o visualizador RTL do projeto

Huffman de nível superior sem PMC.

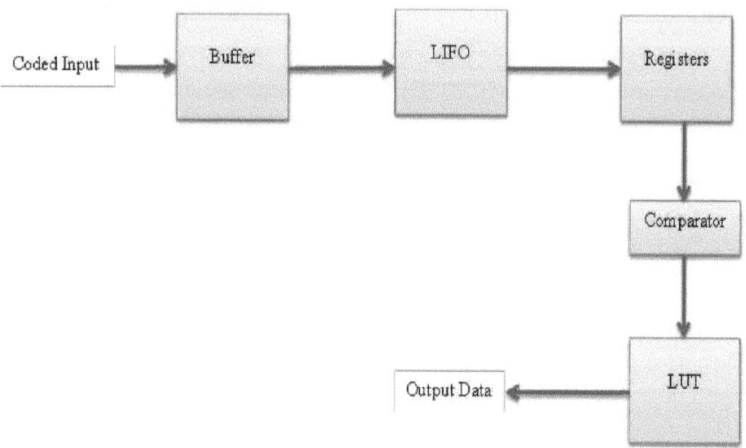

Figura 2.6: Diagrama de blocos do descodificador Huffman

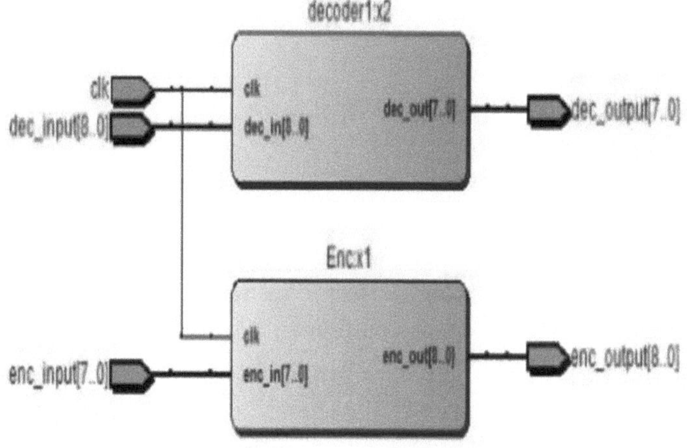

Figura 2.7: Visualizador RTL do projeto Huffman de nível superior

2.7: Simulação HDL

O software Quartus II possui um simulador que pode ser utilizado para simular o comportamento e o desempenho do projeto Huffman para implementação na lógica programável da Altera. Um simulador utilizado para testar o Huffman projetado e observar os outputs produzidos em resposta. Para além de ser possível ver os valores validados nos pinos de entrada e saída do desenho, é também possível sondar os nós internos do sistema. O simulador utiliza o editor de formas de onda que facilita a representação dos sinais.

Um hardware testável de codificação Huffman em HDL para a manipulação e avaliação do desenho Huffman pode ser completado em simultâneo. Assim, não é apenas o núcleo do desenho e o seu banco de testes que podem ser sofisticados numa programação regular, enquanto todas as capacidades do software (como estruturas, dados complexos e utilização de funções) são obtidas. A Interface de Linguagem de Programação (PLI) fornece os caminhos necessários para a construção da informação interna da forma organizada. Por isso, os processos de teste podem ser implementados numa situação mista, sem se combinarem com o design original. Na conceção Huffman, as construções de linguagem de acordo com a sintaxe e a semântica Verilog formam a parte interna de um módulo. Estas construções são concebidas para facilitar a descrição de componentes de hardware para os processos de conceção Huffman, como a simulação, a síntese e a especificação de bancos de ensaio para especificar dados de ensaio e monitorizar as respostas do circuito. Neste caso, é considerado como o banco de testes do projeto. A Figura 2.8 mostra o processo de validação do modelo que envolve o projeto com uma bancada de testes Verilog. As construções Verilog (assinaladas com um ponto) do projeto Verilog que está a ser examinado são capazes de classificar o seu desenho de hardware. Por outro lado, as construções de linguagem utilizadas num banco de ensaio são usadas para fornecer informações de entrada adequadas ou aplicar dados armazenados num ficheiro de texto ao módulo que está a ser testado para analisar ou apresentar os seus resultados.

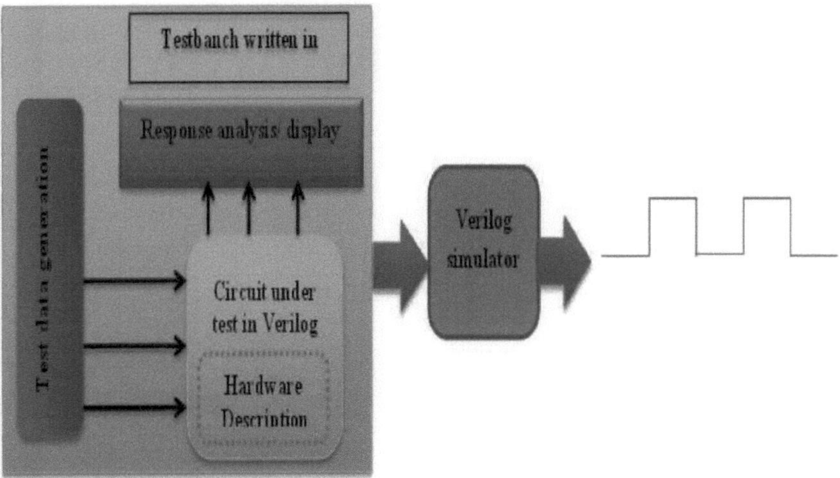

Figura 2.8: Processo de simulação em Verilog

2.8: Síntese lógica

A síntese lógica é definida como o método automatizado de conversão de projectos de código do formato Verilog HDL numa descrição optimizada ao nível das portas. Após um projeto exceder as simulações de trabalho básicas. Deve ser sintetizado numa lista de rede de elementos de uma biblioteca específica. Esta biblioteca específica é a designação do hardware para o qual o projeto está a ser sintetizado. As estruturas Verilog utilizadas na representação Verilog da codificação Huffman para a sua verificação com verificações de temporização e identificações de temporização não são sintetizáveis. A codificação Huffman a ser sintetizada precisa usar estruturas de linguagem que tenham clara equivalência com o hardware. A Figura 2.10 mostra o diagrama de blocos da operação de síntese lógica. A codificação Huffman que está a ser sintetizada e as especificações da biblioteca são as entradas de uma ferramenta de síntese. Muitas vezes, as ferramentas de síntese têm a opção de gerar essa netlist em Verilog. O procedimento de conceção RTL utiliza a linguagem HDL para a conceção do sistema, o teste de validação e a síntese lógica.

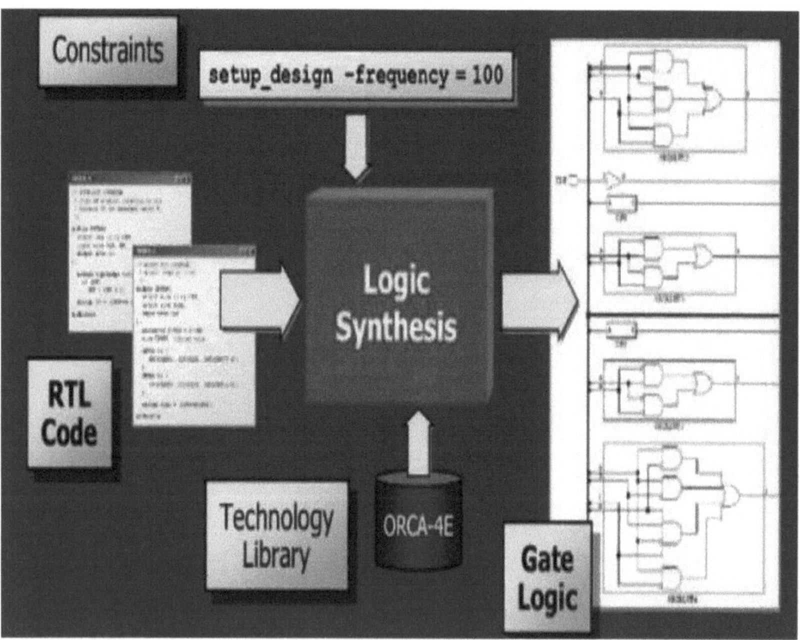

Figura 2.10: Processo de síntese lógica para produzir o nível de porta

O processo de otimização da temporização deve calcular os atrasos do circuito de forma rápida e rigorosa para obter um melhor circuito de temporização. Os optimizadores de temporização regulam os atrasos de propagação durante os elementos do sistema, com o objetivo essencial de satisfazer as limitações de temporização, incorporar:

a. Tempo de configuração "caminho longo", limitações que indicam o valor do tempo para que os dados de entrada sejam estáveis "estáveis" antes da borda do relógio para qualquer componente de armazenamento.
b. Manter limitações de "percurso curto" que indiquem um valor de tempo para que os dados de entrada sejam estáveis após o bordo de relógio em cada componente de armazenamento.

A análise de temporização estática reconhece rapidamente as violações de temporização e analisa-as traçando os caminhos críticos no circuito que são eficazes para estas falhas de temporização. Onde, AAT num circuito é o tempo de passagem avançado num determinado nó medido a partir do início do ciclo de relógio. Além disso, a folga de temporização é definida como a diferença entre (RATs) e (AATs) onde:

Slack Time = RATs - AATs ....(2.1)

O controlo do relógio (CG) é uma técnica para impedir a entrada do relógio nos módulos funcionais que estão inactivos. Isto implica desligar o relógio se não for necessário. Existem várias técnicas de controlo de relógio utilizadas para otimizar a dissipação de energia [30]. A entrada de relógio para o bloco funcional é fornecida através das portas lógicas básicas. Como se pode ver na Figura 2.11, o codificador de Huffman tem três entradas, nomeadamente enc_in, dec_in e clk. O relógio para o Huffman é fornecido através de uma porta de relógio. Quando a entrada de relógio é aplicada e se a ativação estiver na lógica "1", o Huffman executa a operação de codificação. Caso contrário, efectua a operação de descodificação.

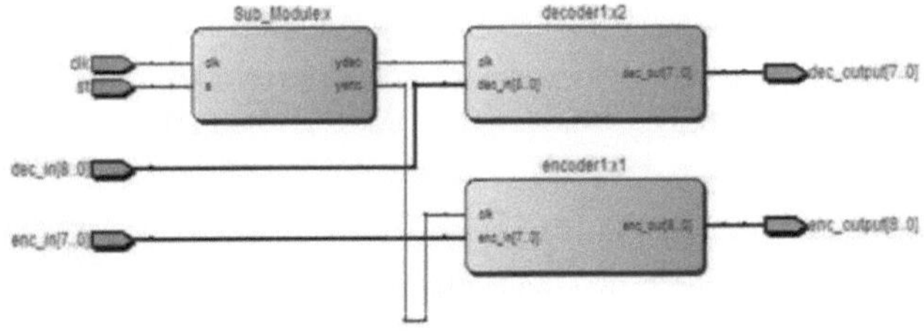

Figura 2.11: RTL viewer top _level Huffman

Os procedimentos para estimar o consumo de energia para cada modo de conceção de Huffman consistem em separar cada submódulo e apresentá-lo como uma conceção de nível superior para
estimativa do consumo de energia [31].

Consumo total de energia = energia estática + energia dinâmica .... (2.2)

O total de submódulos na conceção de Huffman com o módulo PMC é composto por três submódulos:

Potência total de Huffman = Potência do codificador + Potência do descodificador + Potência do PMC ....(2.3)

2.9: Ferramentas utilizadas para a implementação

A metodologia desta investigação baseou-se em estudos anteriores para obter experiência na construção do Huffman. Os conhecimentos sobre o hardware e o software utilizados na conceção e implementação do projeto também foram obtidos a partir de trabalhos anteriores neste domínio. O processo de conceção do Huffman para compressão de dados com técnicas de baixo consumo envolve a utilização de várias fontes de hardware, linguagem de descrição e tutorial de programação de software para atingir o objetivo pretendido. Esta secção trata da explicação do software e do hardware utilizados neste trabalho.

2.10: Altera Quartus II 11.1 Web Edition

O Quartus II da Altera é definido como um software gerado pela Altera utilizado para a síntese e análise da linguagem de descrição de hardware (HDL) para o projeto Huffman, que permite ao projetista compilar o Huffman, executar o exame dos diagramas RTL, a análise de temporização, simular a resposta do Huffman e configurar o projeto através de programação. O software Quartus II tem a maior produtividade e desempenho para a FPGA da Altera. Ele é eficiente na síntese e garante vantagem no tempo de compilação [32]. Além disso, o software Altera Quartus II é uma das melhores ferramentas de projeto e síntese disponíveis para os projectistas. Estas ferramentas foram concebidas para tirar partido da arquitetura do dispositivo e das suas caraterísticas especiais para mapear o desenho Huffman na lógica e ajudar a cumprir os requisitos de otimização. O projetista pode optar por otimizar a área, o tempo ou a potência do projeto [33].

2.11: ModelSim-Altera 10.0c (Quartus II 11.1) Starter Edition

O ModelSim é uma ferramenta de simulação gráfica para circuitos lógicos. Utilizei esta ferramenta de software para ver o desempenho funcional e as validações temporais do projeto de portas lógicas do desenho Huffman executado utilizando o CAD Quartus II. Os projectistas de projectos digitais têm necessariamente o dever de verificar o seu sistema. O desenho de Huffman pode ser constituído por vários módulos e qualquer um deles tem de ser verificado antes da integração no circuito, enquanto funciona na perfeição. Para provar que o sistema funciona corretamente, recorre-se à validação. Trata-se de um método de verificação de Huffman que consiste em introduzir dados de entrada na conceção e examinar o seu desempenho. O resultado de uma validação é a série de sinais de formas de onda que explicam como a função de conceção depende da série específica de dados. Existem dois modelos principais de validação: o primeiro, denominado simulação funcional, e o segundo, denominado simulação de temporização. O primeiro verifica o processo de portas lógicas de um projeto sem ter em conta os atrasos no projeto. Os sinais são propagados durante um sistema utilizando atrasos lógicos e zero. Esta simulação é útil para testar a exatidão teórica do sistema. O segundo tipo é a validação da temporização. Este tipo de simulação é mais complexo do que o primeiro, porque os componentes lógicos e os fios demoram algum tempo a responder aos estímulos de entrada. A Figura 2.12 mostra as etapas do fluxo de simulação.

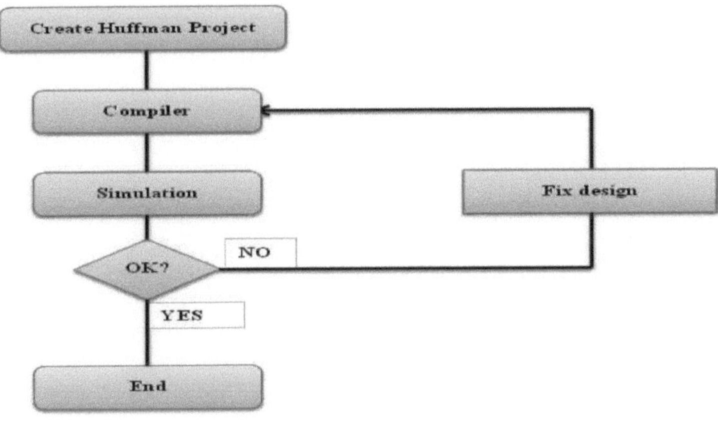

Figura 2.12: Etapas do fluxo de simulação

2.12: Placa Altera DE2

Além disso, o objetivo da utilização da Altera FPGA DE2 é simular um projeto para obter o comportamento real do sistema e torná-lo mais abrangente. Além disso, fornece o veículo perfeito para a prototipagem de sistemas avançados em redes e armazenamento. Utiliza uma tecnologia de ponta tanto em ferramentas CAD como em hardware para mostrar aos designers uma vasta área de assuntos. A placa apresenta o conjunto de caraterísticas que a tornam adequada para utilização em projectos modernos completos.

2.13: Compilador Synopsys Power

A chave para ferramentas de análise de potência adequadas é o método de redução automática de potência. Desta forma, os projectistas têm a vantagem de fazer corresponder as declarações de potência sem degradar os resultados ou o tempo de Huffman. O compilador de potência da Synopsys é uma ferramenta utilizada para reduzir automaticamente a dissipação de potência ao nível da porta e ao nível da transferência de registos do projeto. No modo de elaboração do sistema RTL, o compilador de potência efectua uma computação gráfica automática para reduzir a dissipação de potência. Depois de carregar um projeto Huffman completo na ferramenta Synopsys, com restrições específicas do sistema, o compilador de potência implementa melhorias para a área, o tempo e a potência entre si [34]. A Figura 2.13 mostra os requisitos de entrada da ferramenta Synopsys para produzir a lista de rede.

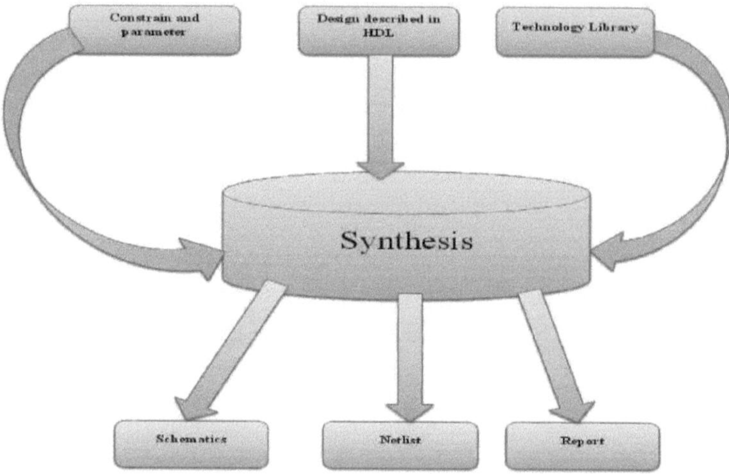

Figura 2.13: Entradas e saídas do processo de síntese

2.14: Implementação da conceção de Huffman

A compressão de Huffman utilizou a probabilidade do carácter da fonte para gerar os símbolos das palavras de código. A ocorrência de todos os alfabetos da entrada é estimada para descobrir a distribuição de probabilidades. De acordo com as probabilidades, são dadas as palavras de código para cada um destes alfabetos. Neste algoritmo, as palavras de código mais curtas são dadas para probabilidades mais elevadas e as palavras de código mais longas são dadas para probabilidades mais baixas. Para esta função, utilizando símbolos como folhas para representar todos os alfabetos e os pais destas folhas, nomeadamente nós, cada nó deve ter pelo menos uma folha. Em seguida, cria-se uma árvore binária de acordo com as suas probabilidades e os caminhos dessas folhas são tomados como palavras de código, ou seja, uma palavra de comprimento de código. Os algoritmos estáticos de Huffman calculam primeiro as frequências e depois constroem a árvore de Huffman para o processo de codificação e descodificação [35]. O algoritmo de Huffman proposto é dado um conjunto de símbolos e as suas frequências geralmente proporcionais às probabilidades, para encontrar um código binário sem prefixos (um conjunto de palavras de código), com um comprimento de código mínimo esperado, equivalente à árvore de Huffman com um comprimento de caminho mínimo ponderado a partir da raiz [36].

A conceção de Huffman é executada para a compressão de dados de texto. Além disso, o descodificador de texto contém o descodificador de Huffman para obter os dados originais. Além disso, a árvore de Huffman é utilizada pelo codificador e pelo descodificador, sendo os alfabetos constituídos pelas letras maiúsculas e pelo espaço.

2.15: Bloqueio de relógio baseado em trincos

Neste método de passagem de relógio, é utilizado um trinco para selecionar o módulo funcional. A entrada de relógio é fornecida a todos os módulos do projeto, mas apenas um é selecionado por um sistema de bloqueio baseado em latch para realizar a avaliação das entradas [37]. O visualizador RTL do projeto baseado em latches é apresentado na Figura 2.14. Como pode ser visto, o projeto baseado em latch tem entrada en e entrada clk. A saída do trinco é utilizada para gerar o sinal clk, utilizado para controlar o funcionamento dos módulos Huffman [38]. O projeto é compilado, simulado e sintetizado utilizando bibliotecas de tecnologia de 130 nm. As simulações são efectuadas com a ferramenta Modelsim. A arquitetura do desenho do algoritmo de compressão e descompressão foi criada utilizando a linguagem Verilog HDL. Quartus II 11.1Web Edition (32-Bit). Além disso, a simulação foi efectuada com o ModelSim-Altera 10.0c (Quartus II 11.1) Starter Edition.

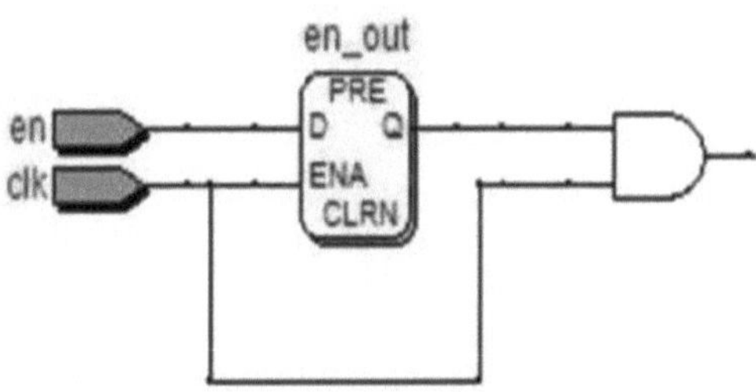

Figura 2.14: Controlo de relógio baseado em trincos

2.16: Comando de relógio baseado em AND

O projeto Huffman considerado neste trabalho é constituído por dois módulos de blocos funcionais: codificador e descodificador. Cada módulo é síncrono, o que significa que as entradas são avaliadas aquando da ocorrência do relógio. A técnica de controlo de relógio baseada em AND pode ser aplicada ao projeto Huffman, em que apenas uma unidade funcional (codificador ou descodificador) funciona enquanto a outra não funciona. Por conseguinte, a entrada de ativação do sistema baseado em AND fornecerá o sinal de relógio ao módulo codificador ou descodificador [39]. A vista RTL do esquema do projeto Huffman é apresentada na Figura 2.15. O visualizador RTL da base AND, tal como mapeado em Verilog, é apresentado na Figura 2.16. O relógio é ligado ao codificador ou ao descodificador com base na entrada de ativação. A síntese gera a utilização do dispositivo para a lista de rede, bem como para a implementação. O relatório da lista de rede mostra que o clock gating baseado em AND utiliza menos consumo de energia e menos área, mas gera um atraso maior para a mesma frequência utilizada. As bibliotecas de células padrão de 130 nm são utilizadas para a implementação do ASIC. As simulações são efectuadas com a ferramenta Modelsim. A arquitetura do algoritmo de compressão e descompressão foi implementada utilizando a linguagem Verilog HDL, Quartus II 11.1 Web Edition (32-Bit). A simulação é efectuada utilizando o ModelSim-Altera10.0c (Quartus II 11.1) Starter Edition.

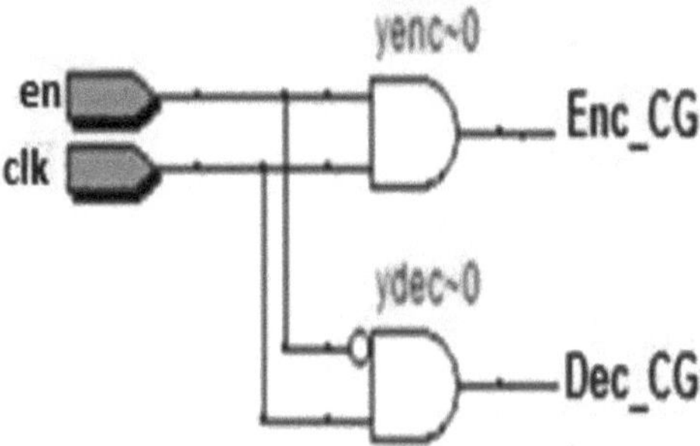

Figura 2.15: Comando de relógio baseado em AND

CAPÍTULO 3

SIMULAÇÃO E RESULTADOS

3.1: Simulação dos resultados de Huffman

As entradas do codificador envolvem um sinal Clk e ASCII de 8 bits para representar os dados de entrada para os dados de saída de 9 bits gerados pelo codificador Huffman com codificação de comprimento variável. O comprimento das palavras de código varia de 3 bits para a frequência mais elevada até 9 bits para a frequência mais baixa, para representar as saídas do codificador, como se mostra na figura 3.1. Por seu lado, o módulo de descodificação é constituído por um sinal Clk com 9 bits como dados de entrada para gerar ASCII de 8 bits para representar a saída do descodificador, como mostra a figura 3.2. A figura 3.3 mostra todas as entradas e saídas do projeto Huffman e a simulação Huffman de nível superior.

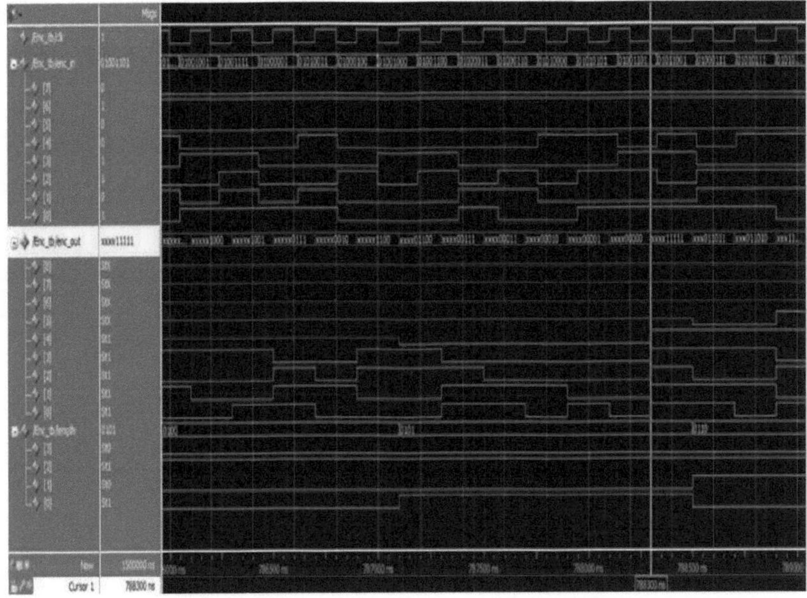

Figura 3.1: Validações da forma de onda do codificador

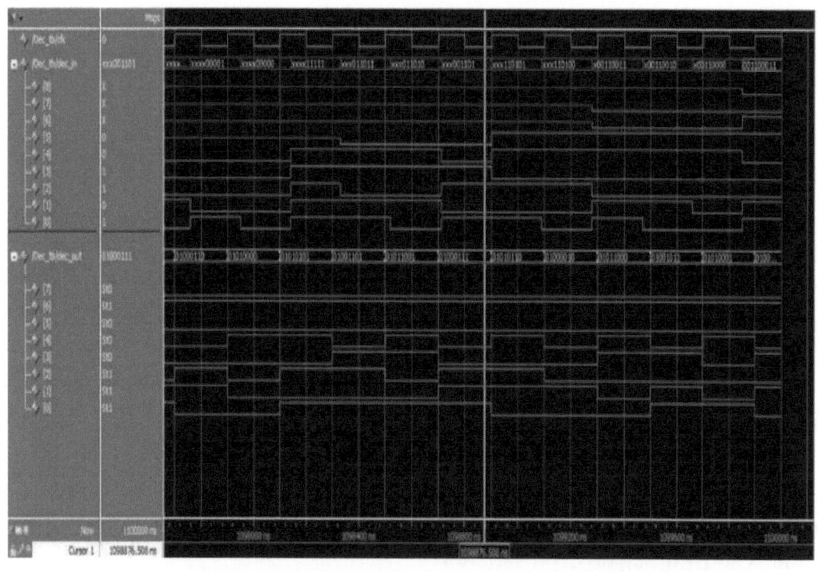

Figura 3.2: Validações da forma de onda do descodificador

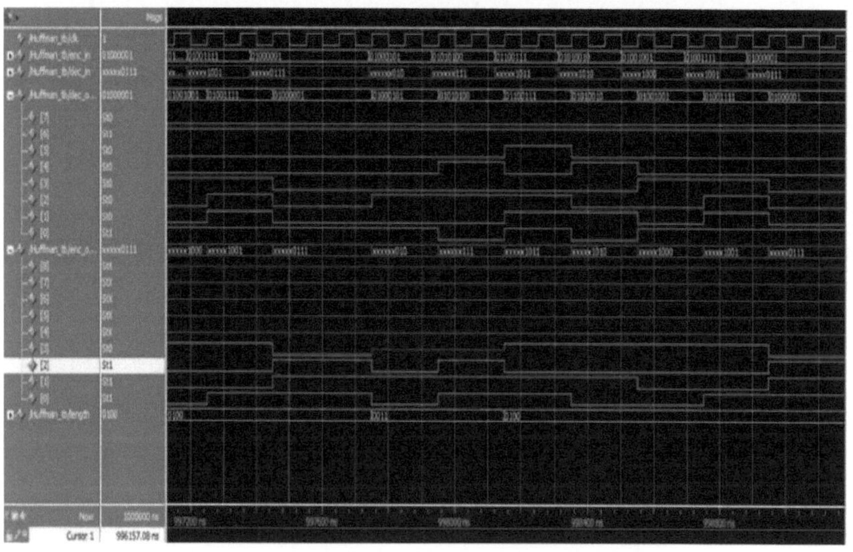

Figura 3.3: Validação da forma de onda da conceção Huffman completa

As figuras 3.1 e 3.1 mostram a validação da função do codificador e do descodificador separadamente. A partir delas, é evidente que cada módulo envolve dados de sinal que representam o módulo de entrada para gerar o sinal de saída Huffman. A Figura 3.3 mostra a simulação do projeto Huffman padrão. Apesar do facto de o sinal de relógio ser aplicado a dois módulos durante a operação, Huffman gera o sinal de saída apenas a partir de um módulo em cada ciclo de relógio. Isto indica claramente que há perda de muita potência na parte inativa do projeto durante o funcionamento.

3.2: Simulação baseada em trincos

A forma de onda simulada da conceção de Huffman utilizando a passagem de relógio baseada no trinco é apresentada na figura 3.4. A partir da forma de onda simulada, observa-se que, quando a entrada do sinal en é elevada, neste caso o relógio é aplicado ao módulo codificador e o resultado é obtido na saída do projeto Huffman. Posteriormente, quando o sinal en fica baixo, o módulo codificador é bloqueado e o resultado é obtido do módulo descodificador na saída do desenho de Huffman. Esta forma de ativar um módulo funcional seletivo no estado ON leva à redução do consumo de energia. A análise de potência para a conceção de Huffman é implementada para escalas de frequências de MHz. É obtida para vários tipos de consumo de potência: potência estática, potência dinâmica e potência total, sendo a potência dinâmica dividida em dois tipos, potência interna e atividade de comutação [35].

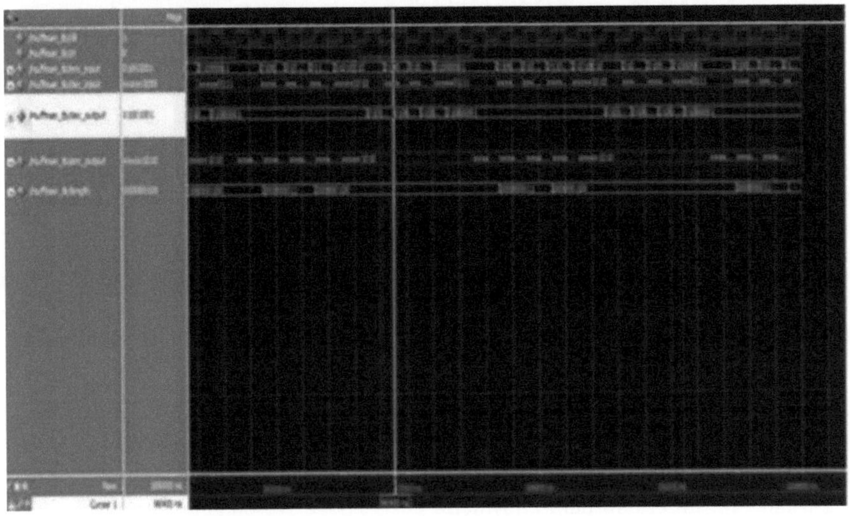

Figura 3.4: Forma de onda da simulação baseada no trinco

3.3: Simulação baseada em AND

Nesta técnica, o relógio é aplicado através da porta AND. Os resultados simulados são mostrados na Figura 3.5. A análise foi efectuada para frequências de relógio da ordem dos MHz. As entradas para a porta AND serão o módulo codificador ou o módulo descodificador. A partir da forma de onda simulada, quando a entrada en é definida como alta, o módulo codificador é ativado, o relógio é fornecido ao módulo codificador e utilizado para avaliar a saída do codificador. No caso das outras combinações de entradas da porta AND, o módulo descodificador é selecionado e utilizado para avaliar o conjunto de entradas gerado pelo codificador para avaliar a saída do descodificador. A saída sintetizada é ainda analisada quanto à potência. A potência é analisada para vários tipos.

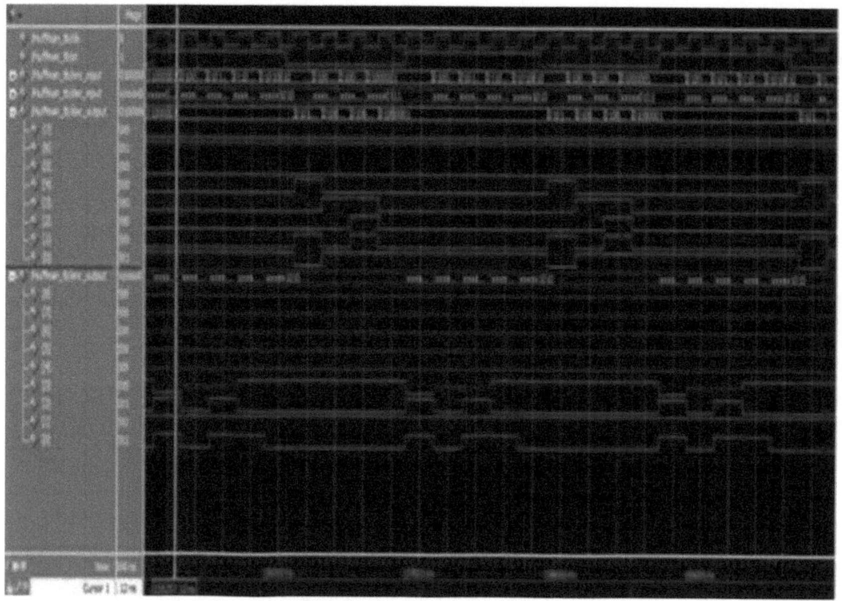

Figura 3.5: Forma de onda da simulação baseada em AND

No circuito sequencial, são inseridas duas portas AND de entrada na lógica para a passagem de relógio. Foi considerada a técnica de clock gating para reduzir a potência. Esta técnica predominante é utilizada para poupar energia. Nesta etapa do projeto, o procedimento consiste em ligar duas portas AND de forma a criar um sinal de relógio capaz de ligar um módulo e desligar outro. O sinal de ativação AND com o sinal de relógio também foi criado para a primeira porta AND. No entanto, foi colocado um inversor na segunda porta AND para organizar o sinal de saída entre o codificador e o descodificador, como se mostra na Figura 3.6.

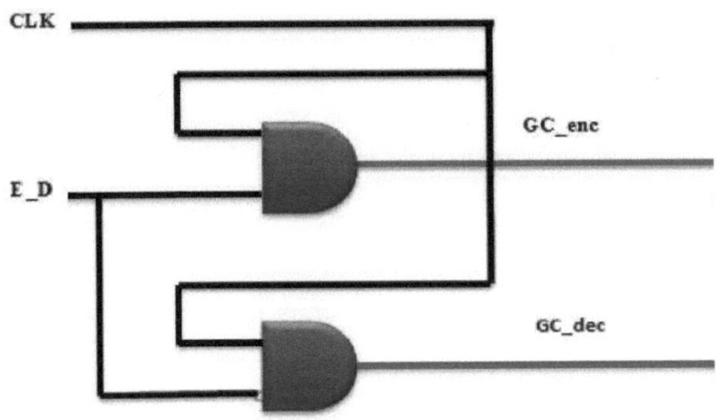

Figura 3.6: Técnicas de passagem de relógio

3.4: A comparação das técnicas propostas é apresentada na Tabela 1. A partir da tabela de resultados e da lista de rede, o relatório da Synopsys observou que o clock gating baseado em latch ocupava mais área do que o clock gating baseado em AND, aproximadamente 0,93%. Além disso, o clock gating baseado em AND conseguiu reduzir o consumo de energia em cerca de 2,8% mais do que o clock gating baseado em latch. Mas o atraso gerado em cada frequência aplicada ao projeto no trinco é menor do que o do CG baseado em AND. Este caso é mais vantajoso para o projeto completo porque permite aplicar uma frequência superior à do trinco. O atraso reduzido reduz a frequência de limitação do projeto. Figura 3.6. Mostra a potência total do trinco e do controlo de relógio AND.

Tabela:-1 Compressão entre o CG E e o CG Trinco

FREQ. (MHz)	TIME (ns) HIGH	TOTAL POWER LATCH (mW)	TOTAL POWER AND (mW)	PERCENTAGE DIFFERENCE
20	50	0.01100	0.01069	2.82%
40	25	0.02179	0.02122	2.62%
60	16.66666	0.03214	0.03133	2.52%
80	12.50000	0.04308	0.04185	2.86%
100	10	0.05416	0.05255	2.97%

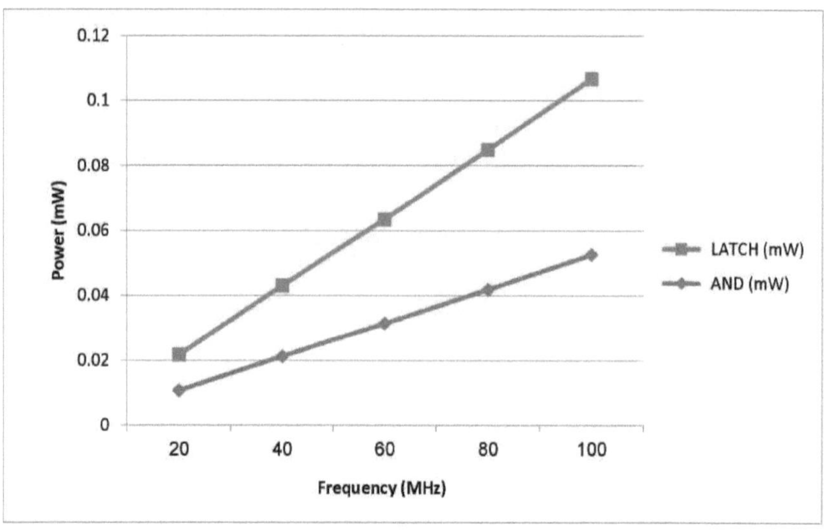

Figura 3.6: Potência total do trinco e do relógio AND

CAPÍTULO 4
CONCLUSÃO E REFERÊNCIAS

4.1: Conclusão

A conclusão do livro, bem como as recomendações, serão apresentadas para ajudar a implementar o que foi descoberto e estabelecer um bom contexto para investigação futura. Nos capítulos anteriores, foi discutido e estabelecido o conceito de conceção e implementação da codificação de Huffman usando um algoritmo sem perdas com um design de baixa potência baseado na passagem de relógio do trinco. Assim, o objetivo de implementar a codificação de Huffman com o software necessário foi alcançado.

Neste livro, a técnica de passagem de relógio utilizando a lógica de passagem baseada em trincos e AND é aplicada ao projeto Huffman. A análise de potência é efectuada para uma gama de frequências de relógio com todos os tipos de lógica realizados e analisados. A partir dos resultados obtidos, ambas as técnicas podem ser utilizadas como técnicas de controlo do relógio para reduzir a potência. A diferença média de potência consumida entre as técnicas dependentes é de aproximadamente 2,8%. Há uma redução notável no consumo total de energia com a utilização do GC baseado em AND. A utilização do dispositivo das duas técnicas também destaca a redução de área usando a técnica de clock gating AND é 0,93% menor do que usando o CG baseado em latch. Além disso, a técnica baseada em AND pode utilizar uma frequência superior à aplicada ao projeto, em comparação com a técnica baseada em latch. Este método permite alcançar a folga negativa do trinco antes do acoplamento do relógio da porta AND. O atraso de energia e a área utilizada são motivados para a utilização da porta AND em projectos Huffman de baixo consumo e elevado desempenho.

4.1: REFERÊNCIAS

[1]Dev, M. P., Baghel, D., Pandey, B., Pattanaik, M& ,. Shukla, A. (2013). Projeto de circuito sequencial de baixa potência com clock gated. Documento apresentado na Conferência IEEE 2013 sobre Tecnologias da Informação e Comunicação (TIC).

[2]Kodituwakku, S., & Amarasinghe, U. (2010). Comparação de algoritmos de compressão de dados sem perdas para dados de texto. Revista indiana de ciência e engenharia da computação, 1,(4) 416-425.

[3] Beak, S., Van Hieu, B., Park, G., Lee, K., & Jeong, T.(1999) .A new binary tree algorithm implementation with Huffman decoder on FPGA. Trabalho apresentado na Conferência Internacional sobre Eletrónica de Consumo (ICCE) 2010Digest of Technical Papers.

[4]   Zhao, P., Wang, Z., & Hang, G. (2010). Otimização de potência para circuitos e sistemas VLSI. Documento apresentado na 10.ª Conferência Internacional IEEE de 2010 sobre Tecnologia de Circuitos Integrados e de Estado Sólido.

[5]   Panda, P. R., Silpa, B., Shrivastava, A., & Gummidipudi, K. (2010). Powerefficient system design: Springer Science & Business Media.

[6]   Oliver, J. P., Curto, J., Bouvier, D., Ramos, M., & Boemo, E. (2012). Clock gating e clock enable para redução de potência em FPGA. Trabalho apresentado na VIII Conferência do Sul de Lógica Programável (SPL) de 2012.

[7]   Shinde, J., & Salankar, S. (2011). Clock gating-Uma técnica de otimização de potência para circuitos VLSI. Trabalho apresentado na Conferência Anual do IEEE na Índia 2011 (INDICON).

[8]   Uppalapati, S. (2004).Low power design of standard cell digital VLSI circuits.Thesissubmitted on Rutgers, The State Universiti of New Jersey.

[9]   Shinde, J., &Salankar, S. (2011). Clock gating-Uma técnica de otimização de potência para circuitos VLSI. Documento apresentado na Conferência Anual do IEEE na Índia (INDICON) de 2011: 1 - 4.

[10] Dev, M. P., Baghel, D., Pandey, B., Pattanaik, M., &Shukla, A. (2013). Projeto de circuito sequencial de baixa potência com relógio. Documento apresentado na Conferência IEEE de 2013 sobre Tecnologias de Informação e Comunicação (TIC): 440 - 444.

[11] Nejat, M., Abdevand, M. M., &Farahani, A. M. (2013).Uma nova topologia de circuito para clock-gating-cell adequada para projetos sub/near-threshold. Trabalho apresentado no 17º Simpósio Internacional CSI de Arquitetura de Computadores e Sistemas Digitais (CADS) de 2013: 45 - 49.

[12] Sahni, K., Rawat, K., Pandey, S., & Ahmad, Z. (2014). Abordagem de baixa potência para implementação de codificador 8B/10B e decodificador 10B/8B usado para comunicação de alta velocidade. Trabalho apresentado na 2ª Conferência Internacional de 2014 sobre Tendências Tecnológicas Emergentes em Comunicação Eletrónica e Redes (ET2ECN): 1 - 5.
[13] Sahni, K., Rawat, K., Pandey, S., & Ahmad, Z. (2015). Otimização de energia do sistema de comunicação usando a técnica de passagem de relógio. Artigo apresentado na Quinta Conferência Internacional de 2015 sobre Computação Avançada e Tecnologias de Comunicação (ACCT): 375 - 378.

[14] Sahni, K., Rawat, K., Pandey, S., & Ahmad, Z. (2014). Abordagem de baixa potência para implementação de codificador 8B/10B e decodificador 10B/8B usado para comunicação de alta velocidade. Trabalho apresentado na 2ª Conferência Internacional de 2014 sobre Tendências Tecnológicas Emergentes em Comunicação

Eletrónica e Redes (ET2ECN): 1 - 5.

[15] JensMabberg, (2015).Generalized Huffman coding for binary trees with choosable edge lengths.Information Processing Letters, 115(2015), 502-506.

[16] Kulkarn, R, e Kulkarni, S.Y. (2014). Implementação da Técnica de Clock Gating e Realização de Análise de Potência para o Motor do Processador (ALU) em Processadores de Rede. Trabalho apresentado na Conferência Internacional sobre Eletrónica e Sistemas de Comunicação (ICECS -2014):1-6.

[17] Jacobson, H., Bose, P., Hu, Z., Buyuktosunoglu, A., Zyuban, V., Eickemeyer, R., &Sinharoy, B. (2005). Esticando os limites da eficiência de clock-gating em processadores de classe de servidor. Documento apresentado no HPCA-11 11th International Symposium on High-Performance Computer Architecture de 2005: 238 - 242.

[18] Kodituwakku, S., &Amarasinghe, U. (2010).Comparação de algoritmos de compressão de dados sem perdas para dados de texto.IJCSE Indian journal of computer science and engineering, 1(4): 416-425.

[19] Sharma, M. (2010).Compression using Huffman coding.IJCSNS International Journal of Computer Science and Network Security, 10(5): 133-141.

[20] Jones, D. W. (1988). Aplicação de árvores splay à compressão de dados.Communications of the ACM, 31(8): 996-1007.

[21] Blelloch, G. E. (2001). Introdução à compressão de dados. Departamento de Ciências da Computação, Carnegie Mellon Universiti.

[22] Wu, K., Otoo, E. J., &Shoshani, A. (2006).Otimização de índices bitmap com compressão eficiente.ACM Transactions on Database Systems (TODS), 31(1): 1-38.
[23] Rahal-Arabi, T., Muhtaroglu, A., & Taylor, G. (2006).Designing for low power. Documento apresentado no IEEE Electrical Performance of Electronic Packaging 2006: 3 - 6.

[24] Kulkarni, R., &Kulkarni, S. (2014). Implementação eficiente em termos de energia da ALU de 16 bits usando a técnica de passagem de relógio habilitada para bloco. Trabalho apresentado na Conferência Anual IEEE Índia 2014 (INDICON): 1 - 6.

[25] Aanandam, S. K. (2007). Deterministic clock gating for low power VLSI design.Thesissubmitted on National Institute of Technology, Rourkela.

[26] Czapski, P. P., &Sluzek, A. (2007). Técnicas de otimização de energia em dispositivos FPGA: Uma combinação de sistema e baixos níveis. IJECE International Journal of Electrical, Computer and Systems Engineering, 1(3): 148-154.

[27] Brynjolfson, I., &Zilic, Z. (2000).Gestão dinâmica do relógio para aplicações de baixo consumo em FPGAs. Documento apresentado no IEEE 2000 da Conferência de Circuitos Integrados Personalizados do CICC Proceedings: 139 - 142.

[28] Zhang, Y., Roivainen, J., &Mammela, A. (2006).Clock-gating em FPGAs: Uma avaliação inovadora e comparativa. Documento apresentado na 9ª Conferência Euromicro de 2006 sobre Design de Sistemas Digitais DSD: Arquitecturas, Métodos e Ferramentas: 584 - 590.

[29] Brown, S. D. (2007). Fundamentos de lógica digital com design Verilog: Tata McGraw-Hill Education.

[30] Anand, N., Joseph, G., & Oommen, S. S. (2014). Análise de desempenho e implementação de técnicas de clock gating para aplicações de baixa potência. Artigo apresentado na Conferência Internacional de 2014 sobre Engenharia Científica e Pesquisa em Gestão (ICSEMR).

[31] Tang, B. Z., LongfieldJr, S., Bhave, S., &Manohar, R. (2012).Um processador de banda base gps assíncrono de baixa potência. Trabalho apresentado na 18ª edição do IEEE 2012

Simpósio Internacional sobre Circuitos e Sistemas Assíncronos (ASYNC):33 - 40.

[32] De Silva, A. M., Bailey, D. G., &Punchihewa, A. (2012).Explorando a implementação da compressão JPEG em FPGA. Paper apresentado na 6ª Conferência Internacional de Processamento de Sinais e Sistemas de Comunicação (ICSPCS) de 2012:1 - 9.

[33] Thakur, R. B. (2010). O que é um sistema de comunicação de dados?

[34] Jayasekar S.V.A. (2011). Design Digital de Baixa Potência usando Lógica Assíncrona. Este trabalho foi submetido na San Jose State Universiti.

[35] Maadi, M. (2015). Um circuito serializador / desserializador de codificação 8b / 10b (SerDes) para aplicações de comunicação de alta velocidade usando um código de transmissão 8b / 10b com bloco particionado balanceado DC. Revista Internacional de Eletrónica e Engenharia Eléctrica, 3(2).

[36] Klimesh, M., Stanton, V., & Watola, D. (2001). Implementação em hardware de um algoritmo de compressão de imagem sem perdas utilizando uma matriz de portas programáveis em campo. Mars (Pathfinder), 4(4.69).

[37] Anjana, P. (2014). Decodificação Iterativa JSC baseada em FPGA de dados codificados por Huffman para um sistema de comunicação.
Jornal Internacional de Investigação em Engenharia e Tecnologia, 3(2).

[38] Shaker, M. O., & Bayoumi, M. (2011). Um flipflop clock gated para aplicações de baixa potência em CMOS de 90 nm. Documento apresentado no Simpósio Internacional de Circuitos e Sistemas do IEEE de 2011 (ISCAS).

[39] AnkitMitra. (2013). Projeto e implementação de ALU de 16 bits de baixa potência com clock gating. Jornal Internacional de Pesquisa Avançada em Engenharia da Computação e Tecnologia), 2(6).

APÊNDICES

Apêndice A
Relatórios de análise de potência do projeto Huffman utilizando a biblioteca tecnológica de 130 nm do compilador de potência da Synopsys. Para o controlo de relógio baseado em AND

```
Frequency 20MHz
*******************************************
Report : power
        -analysis_effort low
Design : top_huffman1
Version: F-2011.09-SP1
Date   : Fri Aug 28 12:35:12 2015
*******************************************
Library(s) Used:

    scx2_slt_130nm_rvt_tt_1p2v_25c (File:
/EDA/Library/ARM/sltC13GSC9/aci/sc_x/synopsys/scx2_slt_130nm_rvt_tt_
1p2v_25c.db)
Operating Conditions: tt_1p2v_25c   Library:
scx2_slt_130nm_rvt_tt_1p2v_25c
Wire Load Model Mode: top
Global Operating Voltage = 1.2
Power-specific unit information :
    Voltage Units = 1V
    Capacitance Units = 1.000000pf
    Time Units = 1ns
    Dynamic Power Units = 1mW      (derived from V,C,T units)
    Leakage Power Units = 1pW
  Cell Internal Power  =    8.6885 uW    (83%)
  Net Switching Power  =    1.8417 uW    (17%)
                          ---------
Total Dynamic Power    =   10.5303 uW   (100%)

Cell Leakage Power     = 161.2588 nW

                   Internal        Switching          Leakage
Total
Power Group        Power           Power              Power
Power    ( %     ) Attrs
------------------------------------------------------------------
------------------------------
io_pad             0.0000          0.0000             0.0000
0.0000   (   0.00%)
memory             0.0000          0.0000             0.0000
0.0000   (   0.00%)
black_box          0.0000          0.0000             0.0000
0.0000   (   0.00%)
clock_network  1.2401e-03      1.0628e-03         6.4509e+03
2.3094e-03  (  21.60%)
register       6.9055e-03      1.7686e-04         1.0049e+05
7.1829e-03  (  67.18%)
sequential         0.0000          0.0000             0.0000
0.0000   (   0.00%)
combinational  5.4287e-04      6.0211e-04         5.4316e+04
1.1993e-03  (  11.22%)
```

```
----------------------------------------------------------------
---------------------------
Total            8.6885e-03 mW      1.8417e-03 mW      1.6126e+05 pW
1.0692e-02 mW
```

Frequency 40MHz

```
********************************************
Report : power
        -analysis_effort low
Design : top_huffman1
Version: F-2011.09-SP1
Date    : Fri Aug 28 12:39:20 2015
********************************************
Library(s) Used:
    scx2_slt_130nm_rvt_tt_1p2v_25c (File:
/EDA/Library/ARM/sltC13GSC9/aci/sc_x/synopsys/scx2_slt_130nm_rvt_tt_
1p2v_25c.db)
Operating Conditions: tt_1p2v_25c   Library:
scx2_slt_130nm_rvt_tt_1p2v_25c
Wire Load Model Mode: top
Global Operating Voltage = 1.2
Power-specific unit information :
    Voltage Units = 1V
    Capacitance Units = 1.000000pf
    Time Units = 1ns
    Dynamic Power Units = 1mW    (derived from V,C,T units)
    Leakage Power Units = 1pW
  Cell Internal Power  =   17.3770 uW    (83%)
  Net Switching Power  =    3.6835 uW    (17%)
                         ----------
Total Dynamic Power    =   21.0605 uW   (100%)

Cell Leakage Power     = 161.2588 nW

                    Internal      Switching          Leakage
Total
Power Group         Power         Power              Power
Power   (   %   ) Attrs
----------------------------------------------------------------
---------------------------
io_pad              0.0000        0.0000             0.0000
0.0000  (   0.00%)
memory              0.0000        0.0000             0.0000
0.0000  (   0.00%)
black_box           0.0000        0.0000             0.0000
0.0000  (   0.00%)
clock_network  2.4803e-03    2.1256e-03         6.4509e+03
4.6123e-03  (  21.73%)
register       1.3811e-02    3.5372e-04         1.0049e+05
1.4265e-02  (  67.22%)
sequential          0.0000        0.0000             0.0000
0.0000  (   0.00%)
combinational  1.0857e-03    1.2042e-03         5.4316e+04
2.3443e-03  (  11.05%)
```

```
----------------------------------------------------------------------
------------------------------
Total           1.7377e-02 mW      3.6835e-03 mW      1.6126e+05 pW
2.1222e-02 mW
```

Frequency 60MHz

```
****************************************
Report : power
        -analysis_effort low
Design : top_huffman1
Version: F-2011.09-SP1
Date   : Fri Aug 28 12:40:21 2015
****************************************
Library(s) Used:
    scx2_slt_130nm_rvt_tt_1p2v_25c (File:
/EDA/Library/ARM/sltC13GSC9/aci/sc_x/synopsys/scx2_slt_130nm_rvt_tt_
1p2v_25c.db)
Operating Conditions: tt_1p2v_25c   Library:
scx2_slt_130nm_rvt_tt_1p2v_25c
Wire Load Model Mode: top
Global Operating Voltage = 1.2
Power-specific unit information :
    Voltage Units = 1V
    Capacitance Units = 1.000000pf
    Time Units = 1ns
    Dynamic Power Units = 1mW     (derived from V,C,T units)
    Leakage Power Units = 1pW
  Cell Internal Power  =   25.7557 uW   (83%)
  Net Switching Power  =    5.4175 uW   (17%)
                         ---------
Total Dynamic Power    =   31.1732 uW   (100%)

Cell Leakage Power     = 161.6573 nW

                   Internal        Switching          Leakage
Total
Power Group        Power           Power              Power
Power   (   %   ) Attrs
----------------------------------------------------------------------
------------------------------
io_pad               0.0000          0.0000             0.0000
0.0000   (   0.00%)
memory               0.0000          0.0000             0.0000
0.0000   (   0.00%)
black_box            0.0000          0.0000             0.0000
0.0000   (   0.00%)
clock_network  3.7204e-03      3.1883e-03         6.4509e+03
6.9152e-03  (  22.07%)
register       2.0481e-02      4.7378e-04         1.0077e+05
2.1056e-02  (  67.20%)
sequential           0.0000          0.0000             0.0000
0.0000   (   0.00%)
combinational  1.5541e-03      1.7554e-03         5.4439e+04
3.3639e-03  (  10.74%)
----------------------------------------------------------------------
------------------------------
```

Total   2.5756e-02 mW   5.4175e-03 mW   1.6166e+05 pW
3.1335e-02 mW

Frequency 80MHz
****
Report : power
        -analysis_effort low
Design : top_huffman1
Version: F-2011.09-SP1
Date   : Fri Aug 28 12:41:31 2015
****
Library(s) Used:
    scx2_slt_130nm_rvt_tt_1p2v_25c (File:
/EDA/Library/ARM/sltC13GSC9/aci/sc_x/synopsys/scx2_slt_130nm_rvt_tt_
1p2v_25c.db)
Operating Conditions: tt_1p2v_25c   Library:
scx2_slt_130nm_rvt_tt_1p2v_25c
Wire Load Model Mode: top
Global Operating Voltage = 1.2
Power-specific unit information :
    Voltage Units = 1V
    Capacitance Units = 1.000000pf
    Time Units = 1ns
    Dynamic Power Units = 1mW   (derived from V,C,T units)
    Leakage Power Units = 1pW
  Cell Internal Power =   34.4372 uW   (83%)
  Net Switching Power =   7.2567 uW   (17%)

Total Dynamic Power   =   41.6939 uW   (100%)

Cell Leakage Power   = 161.6117 nW

| | Internal | Switching | Leakage |
| Power Group | Power | Power | Power |
Power (%) Attrs			
io_pad	0.0000	0.0000	0.0000
0.0000 (0.00%)			
memory	0.0000	0.0000	0.0000
0.0000 (0.00%)			
black_box	0.0000	0.0000	0.0000
0.0000 (0.00%)			
clock_network	4.9605e-03	4.2511e-03	6.4509e+03
9.2181e-03 (22.02%)			
register	2.7398e-02	6.6118e-04	1.0071e+05
2.8160e-02 (67.28%)			
sequential	0.0000	0.0000	0.0000
0.0000 (0.00%)			
combinational	2.0787e-03	2.3444e-03	5.4454e+04
4.4775e-03 (10.70%)			

Total   3.4437e-02 mW   7.2567e-03 mW   1.6161e+05 pW
4.1856e-02 mW1

Frequency 100MHz

```
*****************************************
Report : power
        -analysis_effort low
Design : top_huffman1
Version: F-2011.09-SP1
Date    : Fri Aug 28 12:42:38 2015
*****************************************
Library(s) Used:
    scx2_slt_130nm_rvt_tt_1p2v_25c (File:
/EDA/Library/ARM/sltC13GSC9/aci/sc_x/synopsys/scx2_slt_130nm_rvt_tt_
1p2v_25c.db)
Operating Conditions: tt_1p2v_25c   Library:
scx2_slt_130nm_rvt_tt_1p2v_25c
Wire Load Model Mode: top
Global Operating Voltage = 1.2
Power-specific unit information :
    Voltage Units = 1V
    Capacitance Units = 1.000000pf
    Time Units = 1ns
    Dynamic Power Units = 1mW     (derived from V,C,T units)
    Leakage Power Units = 1pW
  Cell Internal Power  =   43.2332 uW    (83%)
  Net Switching Power  =    9.1631 uW    (17%)
                         ---------
Total Dynamic Power    =   52.3963 uW  (100%)

Cell Leakage Power       = 161.5340 nW

                    Internal        Switching           Leakage
Total
Power Group         Power           Power               Power
Power   (   %   ) Attrs
-----------------------------------------------------------------------
-------------------------------
io_pad              0.0000          0.0000              0.0000
0.0000  (   0.00%)
memory              0.0000          0.0000              0.0000
0.0000  (   0.00%)
black_box           0.0000          0.0000              0.0000
0.0000  (   0.00%)
clock_network  6.2006e-03           5.3139e-03          6.4509e+03
1.1521e-02  (  21.92%)
register       3.4359e-02           8.6207e-04          1.0065e+05
3.5322e-02  (  67.21%)
sequential          0.0000          0.0000              0.0000
0.0000  (   0.00%)
combinational  2.6732e-03           2.9871e-03          5.4430e+04
5.7148e-03  (  10.87%)
-----------------------------------------------------------------------
-------------------------------
Total          4.3233e-02 mW        9.1631e-03 mW       1.6153e+05 pW
5.2558e-02 mW
```

Apêndice B

Relatórios de análise de potência do projeto Huffman utilizando a biblioteca tecnológica de 130 nm do compilador de potência da Synopsys. Para o controlo de relógio baseado em trincos

```
Frequency 20MHz
****************************************
Report : power
        -analysis_effort low
Design : top_huffman1
Version: F-2011.09-SP1
Date   : Fri Aug 28 12:22:33 2015
****************************************

Library(s) Used:
    scx2_slt_130nm_rvt_tt_1p2v_25c (File:
/EDA/Library/ARM/sltC13GSC9/aci/sc_x/synopsys/scx2_slt_130nm_rvt_tt_
1p2v_25c.db)
Operating Conditions: tt_1p2v_25c   Library:
scx2_slt_130nm_rvt_tt_1p2v_25c
Wire Load Model Mode: top
Global Operating Voltage = 1.2
Power-specific unit information :
    Voltage Units = 1V
    Capacitance Units = 1.000000pf
    Time Units = 1ns
    Dynamic Power Units = 1mW     (derived from V,C,T units)
    Leakage Power Units = 1pW
  Cell Internal Power  =    9.0378 uW    (83%)
  Net Switching Power  =    1.8429 uW    (17%)
                         ---------
Total Dynamic Power    =   10.8806 uW   (100%)

Cell Leakage Power      = 162.2235 nW
                 Internal       Switching         Leakage
Total
Power Group      Power          Power             Power
Power   (   %   ) Attrs
---------------------------------------------------------------------
-----------------------------
io_pad               0.0000          0.0000          0.0000
0.0000  (   0.00%)
memory               0.0000          0.0000          0.0000
0.0000  (   0.00%)
black_box            0.0000          0.0000          0.0000
0.0000  (   0.00%)
clock_network  1.1768e-03      1.0626e-03      6.0505e+03
2.2454e-03  (  20.33%)
register       7.3181e-03      1.7831e-04      1.0186e+05
7.5983e-03  (  68.81%)
sequential           0.0000          0.0000          0.0000
0.0000  (   0.00%)
combinational  5.4287e-04      6.0198e-04      5.4316e+04
1.1992e-03  (  10.86%)
---------------------------------------------------------------------
-----------------------------
Total          9.0378e-03 mW   1.8429e-03 mW   1.6222e+05 pW
1.1043e-02 mW
```

Frequency 40MHz

```
****************************************
Report : power
        -analysis_effort low
Design : top_huffman1
Version: F-2011.09-SP1
Date    : Fri Aug 28 12:25:50 2015
****************************************
Library(s) Used:
    scx2_slt_130nm_rvt_tt_1p2v_25c (File:
/EDA/Library/ARM/sltC13GSC9/aci/sc_x/synopsys/scx2_slt_130nm_rvt_tt_
1p2v_25c.db)
Operating Conditions: tt_1p2v_25c    Library:
scx2_slt_130nm_rvt_tt_1p2v_25c
Wire Load Model Mode: top
Global Operating Voltage = 1.2
Power-specific unit information :
    Voltage Units = 1V
    Capacitance Units = 1.000000pf
    Time Units = 1ns
    Dynamic Power Units = 1mW     (derived from V,C,T units)
    Leakage Power Units = 1pW
  Cell Internal Power  =   17.9180 uW    (83%)
  Net Switching Power  =    3.6282 uW    (17%)
                         ---------
Total Dynamic Power    =   21.5462 uW   (100%)

Cell Leakage Power     = 162.5607 nW
```

Power Group	Internal Power	Switching Power	Leakage Power	Total Power (%) Attrs
io_pad	0.0000	0.0000	0.0000	0.0000 (0.00%)
memory	0.0000	0.0000	0.0000	0.0000 (0.00%)
black_box	0.0000	0.0000	0.0000	0.0000 (0.00%)
clock_network	2.3535e-03	2.1252e-03	6.0505e+03	4.4847e-03 (20.66%)
register	1.4525e-02	3.3109e-04	1.0206e+05	1.4958e-02 (68.90%)
sequential	0.0000	0.0000	0.0000	0.0000 (0.00%)
combinational	1.0393e-03	1.1719e-03	5.4454e+04	2.2657e-03 (10.44%)
Total	1.7918e-02 mW	3.6282e-03 mW	1.6256e+05 pW	2.1709e-02 mW

```
1
```

Frequency 60MHz
```
****************************************
Report : power
        -analysis_effort low
Design : top_huffman1
Version: F-2011.09-SP1
Date    : Fri Aug 28 12:26:59 2015
****************************************
Library(s) Used:
    scx2_slt_130nm_rvt_tt_1p2v_25c (File:
/EDA/Library/ARM/sltC13GSC9/aci/sc_x/synopsys/scx2_slt_130nm_rvt_tt_
1p2v_25c.db)
Operating Conditions: tt_1p2v_25c   Library:
scx2_slt_130nm_rvt_tt_1p2v_25c
Wire Load Model Mode: top
Global Operating Voltage = 1.2
Power-specific unit information :
    Voltage Units = 1V
    Capacitance Units = 1.000000pf
    Time Units = 1ns
    Dynamic Power Units = 1mW      (derived from V,C,T units)
    Leakage Power Units = 1pW
  Cell Internal Power  =   26.9868 uW   (83%)
  Net Switching Power  =    5.4946 uW   (17%)
                         ---------
Total Dynamic Power    =   32.4814 uW   (100%)

Cell Leakage Power     = 162.4809 nW
```

	Internal	Switching	Leakage	
Total				
Power Group	Power	Power	Power	
Power (%) Attrs				
io_pad	0.0000	0.0000	0.0000	
0.0000 (0.00%)				
memory	0.0000	0.0000	0.0000	
0.0000 (0.00%)				
black_box	0.0000	0.0000	0.0000	
0.0000 (0.00%)				
clock_network	3.5303e-03	3.1877e-03	6.0505e+03	
6.7241e-03 (20.60%)				
register	2.1853e-02	5.1495e-04	1.0200e+05	
2.2469e-02 (68.83%)				
sequential	0.0000	0.0000	0.0000	
0.0000 (0.00%)				
combinational	1.6039e-03	1.7919e-03	5.4430e+04	
3.4503e-03 (10.57%)				
Total	2.6987e-02 mW	5.4946e-03 mW	1.6248e+05 pW	
3.2644e-02 mW				

```
1
```

Frequency 80MHz

```
*****************************************
Report : power
        -analysis_effort low
Design : top_huffman1
Version: F-2011.09-SP1
Date    : Fri Aug 28 12:28:29 2015
*****************************************
Library(s) Used:
    scx2_slt_130nm_rvt_tt_1p2v_25c (File:
/EDA/Library/ARM/sltC13GSC9/aci/sc_x/synopsys/scx2_slt_130nm_rvt_tt_
1p2v_25c.db)
Operating Conditions: tt_1p2v_25c   Library:
scx2_slt_130nm_rvt_tt_1p2v_25c
Wire Load Model Mode: top
Global Operating Voltage = 1.2
Power-specific unit information :
    Voltage Units = 1V
    Capacitance Units = 1.000000pf
    Time Units = 1ns
    Dynamic Power Units = 1mW     (derived from V,C,T units)
    Leakage Power Units = 1pW
  Cell Internal Power  =   36.1511 uW    (83%)
  Net Switching Power  =    7.3715 uW    (17%)
                           ----------
Total Dynamic Power    =   43.5225 uW  (100%)

Cell Leakage Power       = 162.2235 nW

                  Internal        Switching          Leakage
Total
Power Group       Power           Power              Power
Power   (   %   ) Attrs
-----------------------------------------------------------------------
-------------------------------
io_pad            0.0000          0.0000             0.0000
0.0000  (   0.00%)
memory            0.0000          0.0000             0.0000
0.0000  (   0.00%)
black_box         0.0000          0.0000             0.0000
0.0000  (   0.00%)
clock_network  4.7071e-03      4.2503e-03         6.0505e+03
8.9634e-03  (  20.52%)
register       2.9273e-02      7.1323e-04         1.0186e+05
3.0088e-02  (  68.87%)
sequential        0.0000          0.0000             0.0000
0.0000  (   0.00%)
combinational  2.1715e-03      2.4079e-03         5.4316e+04
4.6337e-03  (  10.61%)
-----------------------------------------------------------------------
-------------------------------
Total          3.6151e-02 mW   7.3715e-03 mW      1.6222e+05 pW
4.3685e-02 mW
1
```

Frequency 100MHz
```
****************************************
Report : power
        -analysis_effort low
Design : top_huffman1
Version: F-2011.09-SP1
Date    : Fri Aug 28 12:30:11 2015
****************************************
Library(s) Used:
    scx2_slt_130nm_rvt_tt_1p2v_25c (File:
/EDA/Library/ARM/sltC13GSC9/aci/sc_x/synopsys/scx2_slt_130nm_rvt_tt_
1p2v_25c.db)
Operating Conditions: tt_1p2v_25c    Library:
scx2_slt_130nm_rvt_tt_1p2v_25c
Wire Load Model Mode: top
Global Operating Voltage = 1.2
Power-specific unit information :
    Voltage Units = 1V
    Capacitance Units = 1.000000pf
    Time Units = 1ns
    Dynamic Power Units = 1mW     (derived from V,C,T units)
    Leakage Power Units = 1pW


  Cell Internal Power   =    45.1888 uW    (83%)
  Net Switching Power   =     9.2143 uW    (17%)
                             ----------
Total Dynamic Power     =    54.4031 uW   (100%)

Cell Leakage Power      =  162.2235 nW
```

| | Internal | Switching | Leakage |
Power Group Power (%) Attrs	Power	Power	Power
io_pad 0.0000 (0.00%)	0.0000	0.0000	0.0000
memory 0.0000 (0.00%)	0.0000	0.0000	0.0000
black_box 0.0000 (0.00%)	0.0000	0.0000	0.0000
clock_network 1.1203e-02 (20.53%)	5.8838e-03	5.3129e-03	6.0505e+03
register 3.7584e-02 (68.88%)	3.6591e-02	8.9153e-04	1.0186e+05
sequential 0.0000 (0.00%)	0.0000	0.0000	0.0000
combinational 5.7786e-03 (10.59%)	2.7143e-03	3.0099e-03	5.4316e+04
Total 5.4565e-02 mW	4.5189e-02 mW	9.2143e-03 mW	1.6222e+05 pW

DADOS BIOGRÁFICOS DO AUTOR

Maan Hameed Mohammed nasceu em dezembro de 1980 em Diyala, Iraque. Obteve o grau de bacharel pela Universidade AL-Technology em sistemas informáticos e de comunicação, em 2003. De 2005 a 2007, foi professor numa escola secundária. De 2007 a 2013, trabalhou como engenheiro de manutenção em sistemas de monitorização sísmica em barragens de água. Além disso, obteve o grau de mestre em engenharia informática e de sistemas incorporados pela Universidade Putra Malaysia, em 2016. Os seus interesses de investigação incluem o design Huffman, a implementação FPGA, o compilador Synopsys e a aplicação de técnicas de baixa potência no design digital. Atualmente, trabalha como engenheiro no Ministério dos Recursos Hídricos do Iraque. Tem muitos trabalhos de investigação publicados, como se pode ver na lista de publicações abaixo:

Lista de publicações

[1] **Maan Hameed**, A. Khmag, F.Z. Rokhani e A. R. Ramli (2015). Implementação VLSI do projeto Huffman usando FPGA com uma análise abrangente das restrições de energia. Revista Internacional de Pesquisa Avançada em Ciência da Computação e Engenharia de Software (IJARCSSE), 5(6): 49-54.

[2] **Maan Hameed**, F.Z. Rokhani e A. R. Ramli (2015). Abordagem de baixa potência para implementação de codificação Huffman para alta compressão de dados. Revista Internacional de Avanços em Eletrónica e Ciência da Computação (IJAECS), 2(12): 98-101.

[3] **Maan Hameed**, A. Khmag, F.Z. Rokhani e A. R. Ramli (2016). Um novo método sem perdas de codificação Huffman para o processo de compressão e descompressão de dados de texto com implementação FPGA. Jornal de Engenharia e Ciências Aplicadas.11 (3):402-406

[4] **Maan Hameed**, A. Khmag, F.Z. Rokhani e A. R. Ramli (2017). Tecnologia CMOS usando técnicas de passagem de relógio com buffer de estado triplo. Walailak Journal of Science and Technology (WJST). V14.No 4.

[5] **Maan Haeed**, Hussein Shakor e Intesar Razak. (2017). Compressão de texto de baixa potência para codificação de Huffman usando Altera FPGA com controlador de gerenciamento de energia. Artigo submetido na 1ª Conferência Científica Internacional de Ciências da Engenharia de 2018 - 3ª Conferência Científica de Ciências da Engenharia (ISCES). 978-1-5386-1498-3/ 18/31.00$©2018 IEEE.

[6] **Maan Hameed**, Hussein Shakor (2017). Projeto e implementação da técnica de passagem de relógio de baixa potência no circuito ALU de 16 bits. Jornal de Engenharia e Ciências Aplicadas, Medwell Journals (Aceito).

[7] **Maan Hameed**, Hussein Shakor (2018) Uma arquitetura de extensão de limite incorporada para a transformada Wavelet inversa e direta baseada em elevação multinível, jornal Maxwell (submetido)

Printed by Books on Demand GmbH, Norderstedt / Germany